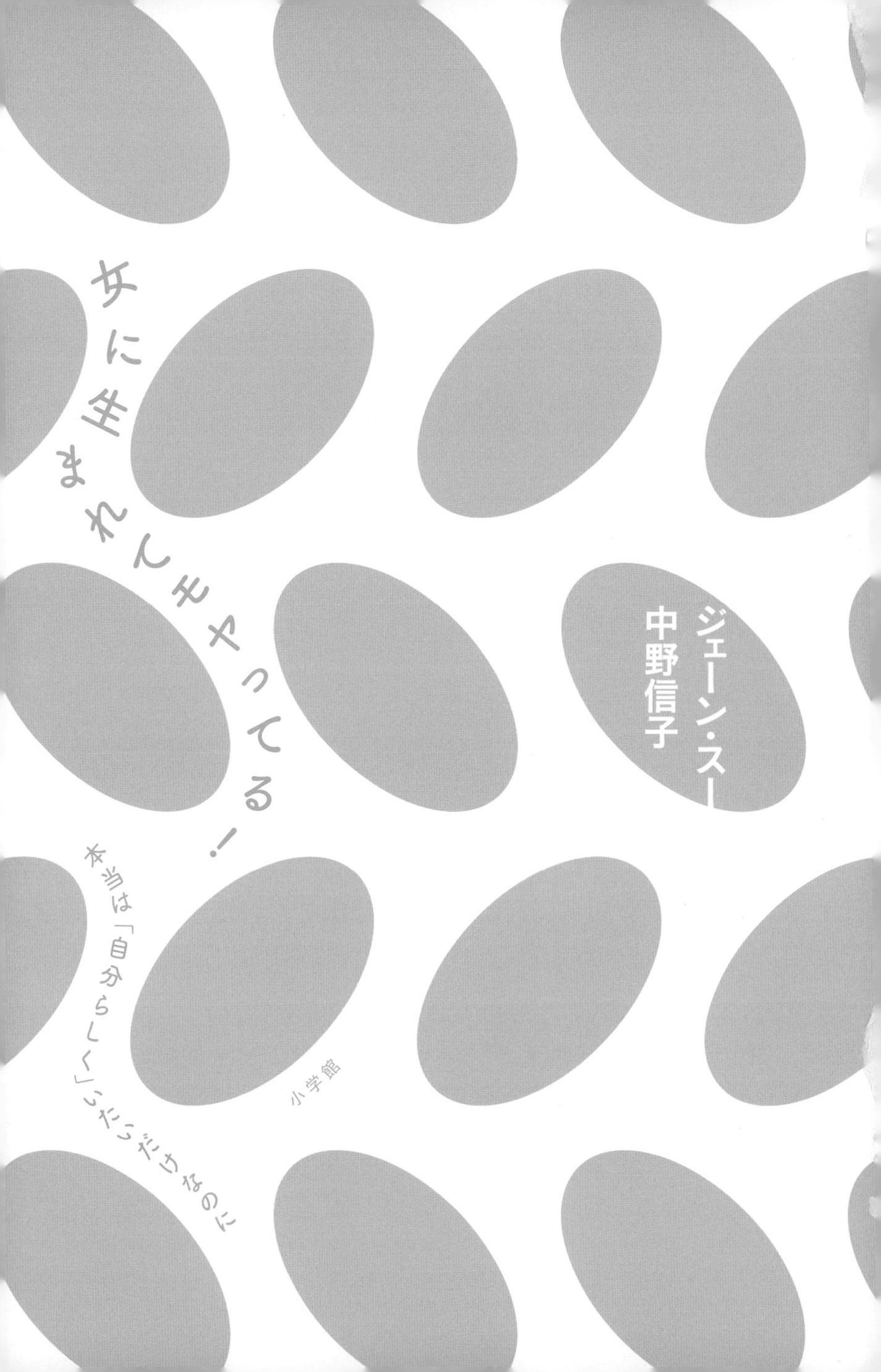
女に生まれてモヤってる！
本当は「自分らしく」いたいだけなのに
ジェーン・スー
中野信子
小学館

女に生まれてモヤってる！

はじめに

あれ？　もしかして、これ私が悪いんじゃなくて、私が「女だから」なのでは？　そう感じられるようになったのは、ずいぶんと大人になってからでした。それまではずっと、このモヤモヤは私の力不足のせいだと思い込んでいました。だって、女に生まれただけで私の個性や実力がないがしろにされるなんてことは、さすがに起こらないと思っていたから。「女」は、私を構成するさまざまな要素、タグのひとつでしかない。それだけでジャッジされることなど、ないだろうと信じていましたから。

一方で、自分自身が女というタグに振り回されてもいました。どう頑張っても控えめにはなれないし、華道や裁縫や料理など「女らしい」とされる趣味にはまるで興味がない。人をサポートするより率先して仕切るほうが得意だし、日常的にメイクをするのも苦手。だから私は、ダメ。そうやって、女らしくいられないことを自責していました。私らしい状態は、決して女らしい状態ではないと苦々しく思っていたのです。

若かりし頃、女らしくあることは、顔の見えない世間から好かれるのにそこそこ重要でした。誰にどう思われたって平気という強さを持ち合わせていなかったので、私は女らしい女の子をいつもうらやましく思っていました。

うらやみながら妬んでもいて、「媚びちゃって！」と悪態を吐くこともありました。女らしくあることで得をしているようで、ズルいとも思っていました。それがその人の「らしさ」だったかもしれないのに。

私らしくあろうとすればするほど、女らしさからはどんどん離れていく。俗に言う引き裂かれた状態です。たまにバッチリとメイクをして可愛らしい服を着ると、「女装してんの？」とからかわれたこともありました。女装という言葉は便利だったので何度も使いましたが、それを口にするのは「やはり本来の私は女らしくないんだ」と再確認する作業でもありました。それも私らしさのひとつであるとは、認められなかったのです。

レディースデーや、女性ばかりが採用される一般職という仕事があることを疎んでもいました。そうやってラクをする人がいるから、女ぜんぶがみくびられるんだ、と。女らしくない自分を責めながら、自分に男と同じ価値があることを、男のように振る舞って証明しようともしていました。それが「私らしさ」だと勘違いしていたのです。女ではないことを証明すれば、信用を勝ち取れると思っていたとも言えます。女らしくない自分を責めながら女ではないことを証明しようとしていたなんて、しっちゃかめっちゃかにもほどがあります。

やがて、私が女であること自体が枷に感じられる場面があることに気づきました。一人暮らしをするなら防犯のため1階は避けたほうがいいこと、「女の幸せ」と言われる結婚や出産をコンプリートしないと不完全だと思われること、年齢を重ねると価値が下がるように思われることなどです。あれ？　これ、私が私だから陥る穴ではなくない？私が女だからってだけなのでは？　ふつふつと疑問が湧いてきました。

では、悪の組織が意図的に女に枷を縛りつけているのかと問われれば、皆無とは言えませんが、そういう自覚を持って悪意を発散することを目的とした集団を、身近で目視することはできませんでした。あとからモヤモヤすること、つまり私が女であることを忘れさせないようにする言葉を、信頼している友人や、仕事仲間や、家族から投げかけられたことはありました。誰が悪人で誰が善人とハッキリ分かれてはおらず、モヤモヤすることは生活の中にモザイクのように点在している。それは自分にもありました。1階には住めない女（自分も含めて）は脆弱な存在だと卑下したり（どう考えたって犯罪者のほうが悪なのに！）、仕事で活躍する中年女性が未婚だったり出産経験がなかったりすると、不完全と見なしたりする気持ちが確かにあったのです。

唸るほど考え込んだり女友達と話し込んだりしているうちに、これは女が組み込まれている世の中のシステムやプログラムに問題があるのではないかと思い始めました。私が悪いのかと思っていたけれど、どうやら仕組みにバグがあるっぽい。

人生をゲームにたとえ「女の人生はイージーモード」と言う人がいますが、設定された女をやり続けること自体が私にとっては無理ゲーでした。でも、それは私のゲーマー能力が低いからではない。それに気づいたとき、とてつもない解放感がありました。

ある日、まったく異なる人生を歩んできた脳科学者の中野信子さんと話をしていたら、中野さんも「設定された女をやり続けるのに困難を感じたことがある」と言うではありませんか。女に生まれたというだけで、個性や実力が身近な人たちからないがしろにされるなんてことが、彼女の身にも起こっていたのです。

本著は、中野信子さんと私がプレイしてきた人生ゲームのバグ報告書です。このプログラムだと、どう頑張ってもうまくいかないようにできているよ、という例を思いつくままに挙げてみました。仕組みがわかれば、それにどう対峙するかはあなた次第です。

中野さんと私の意見は、完全には一致していません。二人とも、それでいいと思っています。なんでもかんでも一緒じゃなくていいんです。「女なら、いつも仲よし同じ気持ち」もバグのひとつですから。そういうのがあるから、苦しくなるんだってば。

それ、あなたのせいじゃなくて、バグのせい。

ジェーン・スー

女に生まれてモヤってる！　目次

1章

「女らしさ」は誰のため？

2章

敵と味方とルールを再検証する 079

3章 恋愛と結婚、私たちの戦略　119

4章 なぜ女は自信を持ちづらいのか？

5章 いつか結婚も出産もレジャーになる

6章

ジャストフィットな生き方は自分で決める

装幀
木庭貴信+角倉織音
(オクターヴ)

写真
木村直軌

ヘアメイク
千葉智子(ロッセット)、加藤聖子(VIRTU)

イラストレーション
鴨井猛

編集協力
阿部花恵

校閲
遠藤玲子

マネジメント
市川康久(アゲハスプリングス)、浅田護(ビッグベン)

1章

「女らしさ」は誰のため？

「女らしい」と「お嫁さんにしたい」は同義

世間が言う「女らしい」ってどんなもの?

スー　まずは「女らしさ」とは何か、から始めましょうか。女らしいと聞いて、中野さんがイメージするスペック（仕様）とか振る舞いってどんなもの?

中野　外見的なものと、内面的なものの両面あるよね。見た目でいうなら、きれい、整っている、清楚、清潔感がある、上品な印象を与える……そんなところかな。

スー　ファッションならスカートスタイル。髪型ならロングのゆるふわパーマかストレート。メイクは薄め。これって、「男ウケがいい」「モテそう」とほぼ同義になるよね。決してアーミーパンツや奇抜なショートヘア、ゴシック調のメイクとはならない。

逆に「男ウケはしないが女ウケはする」服装やメイクはどうかっていうと、個性的だったり強めだったり男の視線を気にしていなかったりするもの、つまりその人に似合っていて、自分の好みを優先させたスタイルになる。よってアーミーパンツも奇抜なショートヘア、ゴシック調のメイクもOK。「私らしさ」が「女ウケ」となる。

じゃあ、内面的な女らしさってどんなものだろう? ぱっと思い浮かんだのは、控え め、おとなしい、思慮深い、感受性が強い、優しい、思いやりがある……。

中野　気が利く、神経が細やか、出しゃばらない、言動に嫌味がない、人を不安にさせない、サポートしなければならない相手が近くにいたら口を出さずにさっとサポートできる……。

つまり、女らしさって「お嫁さんにしたい」とほぼ同義なんだろうなと思う。生活を共にするならばこの人と一緒だったら安心、自分が足りないところを察して補ってくれそうだなという印象を与えられる人。

スー　ちゃんと気遣いができて、誰かをサポートする能力に長けている。それが世間から女らしいと評される人。

中野　内助の功という言葉にも端的にそれが表れていて、モヤっとするよね。完璧な秘書の属性と言ってもいいかもしれない。「おーい、お茶」と言ったら適温のお茶がさっと出てくる。「この人はこういうことを聞いてほしいんだろう」と察して「何があったの？」と自分から話を振ってくれる。でも、これって本当は性別を問わない性質だよね。けれども女性でこの性質を備えていると、非常にポイントが高いとみなされる。

スー　女らしいと女っぽいは似ているようで実はニュアンスが違うよね。女らしいは完全に褒め言葉だけど、女っぽいだとノイズに近くなる感じがある。「彼女のああいうところ、女っぽいよね」って言い回しだと、意地悪っぽい、陰口を叩く、感情的みたいなマイナスの意味合いに取られる場合もあるよ。「女っぽいよね」って言われたら、ちょっ

女は生物として美しい

と複雑な気持ちになる。でも「女らしいよね」って言われると、相手は褒めてるんだろうなと思う。これって女らしさ＝女性が到達すべき社会規範と思われていることの表れだよね。

女で生きることのメリットってある？

スー　ここまでにざっと挙がった「女らしさ」の性質やスペック、私の中にはほぼないと言ってもいいな。中野さんは何か当てはまる部分あった？

中野　どう考えても不十分だよなあ。自信があったら今、この対談していません（笑）。

スー　だよね。というわけで、女らしさからかなり遠い二人がこれから「女」について話をしていくわけですけど、前提として私たちはたまたま女という性別が割り当てられたわけじゃない？　女という性別にアサイン（割り当て）されてよかった、と思えることってこれまでにあった？

中野　子どもの頃は、なかったなあ。でも大人になった今は、女性のほうも結構面白いかなと思うようにようやくなってきたところ。女性のほうが生物として圧倒的にきれいだし、生き方のバリエーションが豊かという状況になったと思うので。自分がどうとかナルシスト的な意味じゃなくてね。

スー　女性の肉体が造形物として興味深いってこと？

中野　私はヘテロセクシュアル（異性愛者）ですが、女性を美という尺度で見るのはとても好き。美しい人を見ることは、自分にとって大きな趣味のひとつかな。男性の美しさはちょっとよくわからないけれども、女性の美しさはわかりやすい。

スー　ファッションやメイクのバリエーションも多いから、女性のほうが見た目の伸びしろがあるよね。

中野　美しい女性は男装をしてもすてきだしね。「女性としての魅力度が低い」ということをあえて売りにしているような女性の芸人さんでも、ファッションやメイクですごくかわいくなったりするでしょう。性差に特に注目して語る必要があるなら、個人的には、女性のほうが圧倒的に美しいと思いますね。

　ただ、だからといって、「女に生まれてよかった」「女だから得をしてきた」とはやっぱり思いにくいんだよね。世間では「女だから優しくしてもらえる」「男におごってもらえるから女は得だ」「女は優遇されている」と思っている人が大勢いるようですが、それは「下に見られている」のと同じことですからね。このあたり、またあとで詳しく。

スー　メイクができるとかファッションが楽しめるとかも、実は諸刃の剣なんだよね。楽しめる面も確かにあるんだけど、そういうことに興味がない人、責務にしか感じない人にとっては苦痛でしかないでしょう。生活面ではコストや労力をカットできる範囲も、男よりずっと狭い。
私が女に生まれてよかったなと思えることの筆頭は、社会からあまり期待されないで生きてこられたことなんです。男のように社会で台頭していくことや、組織で競争を勝ち抜いていく、といった期待をされてこなかった。だからこそ、この年齢まで好き勝手に生きてこられた部分はすごくあります。

中野　確かに、期待されないからこその気楽さが救いになるタイプの人もいるね。

スー　男に生まれて社会の期待を背負う存在だったとしたら、今の自分のようにはなっていなかった。ただ、これも表裏で、自分が男として生まれて、周囲にちゃんと期待されていたら、それによって出せる結果もあっただろうなとは思いますね。でも、私が男だったら最悪だったと思うよ。社会的に権力を持つほうの性に生まれていたら、生来の自分の性格を考えると、調子に乗ってたと思う。自分が嫌いな自分になっていた可能性は大いにありますね。だから結果として女に生まれてよかったな、という思いはある。

中野　「女に生まれてよかったこと」のテーマについて話すと、妊娠や出産が可能な性であることをその理由に挙げる人も多いですよね。でも、私のように出産したいと思わない人にとっては、それはまったくメリットにはなりえない。むしろ毎月の生理があって大変だし、分泌物の変化に伴う心理状態の変化があるからすごく不便。出産という使わない機能を保持しても、このデメリットがあるだけで、ペイしない。

女だから確実に被(こうむ)っている損ってある？

スー　ここまでは人によってはメリットにもデメリットにもなりうる話でしたが、一方で、明らかに女に生まれたからこその「損」も確実にあるわけで。私が感じる女の損は、「肉体の弱さ」ですね。相対的には男よりも力が弱い。このデメリットは無視できない。たとえば、一人暮らしをするなら1階の部屋は選びづらい、一人で夜道を歩くのが怖い、海外で一人旅をする際には男性より注意が必要、といったセキュリティー面で制約があることは本当に腹立たしい。男性だったら、安いアパートの1階に住んでも身の安全を心配しなくていいのに、女性というだけでセキュリティーに気を配らなきゃいけないでしょ。

女性は常に誰かに襲われる可能性があることを念頭に置かないと生活できない。で、こういう話をすると絶対に「お前なんか襲わねえよ」みたいな声が出てくるけど、そこまでセットで腹立ちますね。性的に襲われるかもしれない恐怖だけじゃない。ひったくりの被害者になりうる危険性も女性のほうが高いのに。

「お前なんか襲わねえよ」まで含めて腹が立つ件

中野　単純に、女性よりも男性のほうが体格が大きいし筋力があるのが一般的だからねぇ……。必然的に犯罪で狙われやすくなってしまう。犯罪内容にも性差があるということを犯罪ジャーナリストの方が言っていたことがあって、女性が犯す犯罪で多いのは放火や毒殺なんですって。どちらも非力な女性でも容易で、誰が犯人かはすぐにわからない、つまり仕返しされにくいという点が特徴的なんだと聞いたよ。

女であることのメリット

- ◆メイクやファッションを楽しめる
- ◆男性におごってもらえる機会がある
- ◆力が弱いため、男性にフォローしてもらえる場合がある
- ◆妊娠・出産を体験できる(人もいる)
- ◆組織や社会からの期待度が低いため自由度が高い場合もある

女だからこそのデメリット

- ◆身ぎれいでいることを社会から期待される
- ◆毎月の生理による肉体的・精神的負担がかかる人もいる
- ◆妊娠・出産による身体的負荷が大きい
- ◆生殖可能な時期が男性より短い
- ◆育児に割くコスト(時間、労力)が大きく、男性よりもキャリアに影響が及びがち
- ◆身体能力の差が不利に働く場面が多い(犯罪被害)
- ◆常にセキュリティー面で注意が必要になる
- ◆組織や社会からの期待度が低いため実力を発揮できない場面がある

スー 並べると、デメリットのほうが圧倒的に多くなってしまった。

中野 私は女であることに関しては、「世間が言うほど得ではない」と思っています。ただ、私が意識できるメリットはあまりないけれども、意識できていないメリット、自覚はないけれども受けている恩恵はもしかしたらあるのかもしれない。もしあるのならば、そこはごめんなさい、と言っておきたい。

スー 男性が自分たちが力を持つ側である恩恵を受けていることに気づかないのと同じで、私たちも何か見落としている部分はあるのかもしれないよね。でも世間はいまだに「女は得だ」と思っているし、言いたがる。女だという理由だけで被害を受けたり、受験で足切りされたりというニュースがたくさんあるのに、なぜまだ「とはいえ女のほうが楽だし得だよね」と思われているのか、私は本当にわからないんですね。このギャップは何なのか？ そもそも得ってなに？

「得」ってそもそもどういう状態？

スー はじめに私が思う「得」を定義したほうがいいね。まず、不当な割を食っていない状態が、損も得もない0地点とします。そこからスタートして、私の考える得は、長所も短所も含めた自分の特性が十分に活かされている状態。苦手なことは無理にやらな

可視化も言語化もされない「得」のレイヤーがある

くて済み、得意なことを「私にしかできない」と周囲が思ってくれる状態。トータルで考えて、過剰な負荷を掛けずに自分の欲しいものが手に入る状態も得だな。私は得したいから、潮目を見てじゃんじゃん動く。自分が得できる場所は真剣に探す。とはいえ、自分を十分に理解しているとも思えないから、信頼する人が「できるよ」と言ってくれたらとりあえずやってみる。中野さんは？

中野　「女は男に高いもの買ってもらえて得じゃん」「家でゴロゴロしていられるから得だよね」「主婦は昼間から美術館に並べて、高級ランチ食べられるからいいね」という言い方を男性がするとき、彼らは金銭的得や時間的な余剰を得とみなしているんだよね。けれども、これって本当に得なのかな？　男の目にうつらないデメリットは考慮に入れられてない気がするんだよね。100万円口座から引き落とされていても、1万円現金でもらったら「わーい得した」って思うのかしら？　99万円は？　可視化されるメリットだけが得ではない。レイヤー（階層）がいくつもあって、可視化も言語化もされていない損得のレイヤーもある。それは社会的地位だったり、多くの企業でガラスの天井（組織内で男性が優遇され、能力のある女性が要職に就けない状態）があることもそう。

つまり、目に見える損得と目に見えない損得があって、両方を加算した上でプラスになるものがあればそれは得と言っていいかなと私は思います。可視化されている目立ちやすいところだけ見ると、「女」や「美人」は得をしているように見えるけれども、実はそういう短絡的な話ではない。

スー　損得って言うとどうしても、自分よりあの人のほうが多く持っている、誰かが得をすると、そのぶん誰かが損をしていると思われがちだけど、そうじゃないよね。得している人を見ると、何かを奪われているような気持ちになっちゃうんだけど、実はそうじゃない。

中野　ゼロサム（資源や富の総量が一定であり、一方の利益が他方の損失になること）じゃないよね。金銭や物質のように可視化されているものの損得はゼロサムにもなり得るけれども、その考え方はもう古いんだと思うよ。20世紀までの経済学の考え方だし。人間は金銭的得ではないものを感じて、ときにはそれを優先してる。金銭的報酬がごくわずかでも充実して満足できる仕事もあれば、自分が損をしてでもあいつに嫌な思いをさせたい、という気持ちもある。そういった見えない心の部分を定量的に評価して経済的にも反映しようというのがニューロエコノミクスという領域です。

だから損得は必ずしもゼロサムではないし、あの人が幸せで私も幸せな状態もありえるんです。

スー　損得は必ずしもゼロサムじゃない。そこを踏まえた上で、女であること、女らし

「女らしさ」とは自己決定権を手放すこと

くあることに価値があるかをじっくり確かめていきましょうか。

女であることの強迫観念とは？

中野　女らしさって要するに「男らしさ」と対になる概念なんだよね。じゃあ男らしさとは何なのか、羅列してみると、「頼りがいがある」「リーダーシップがある」「決断力がある」という感じ。一言で言えばドミナンス（dominance：支配、優越の意）と言っていいと思う。そういった意識を私たちは子どもの頃からずっと刷り込まれてきてるよねぇ。

スー　集団の上に立つこと、メインを張ることが男らしさと言われるよね。誰かのサポートに回ることではない。つまり、男らしさ＝支配、女らしさ＝被支配の構図が無意識的にある。

中野　「女に頭が上がらない」と好んで言いたがる男性もいるのだけど、あれって実際は「俺にはあんな真似はできない」「俺にはあんな仕打ちは耐えられない」という意味で使われているんじゃないのかな。「あんな仕打ち」を自分でやっていることにうっすら気づいていてもいたり。そのうしろめたさを、ざんげするような気持ちで言ったりするんじゃないかなって。「自己決定権のある女には頭が上がらない」「心から尊敬してやまない」では決してないんだよね。

スー　「(女は)感受性が豊か」も「(男の)自分にはよくわからない」と同義だよね。女らしさは誰かに気に入られるため、誰かをサポートするための要素であって、言い換えれば「誰かに気に入られないと社会でうまくやっていけない」という強迫観念にもつながる。ここを把握していないと、のちのち混乱するよね。

要は、男女問わずみんなに好かれる「いい子」になろうとすると、自己決定権を手放しがちになるんだよ。自分の意思より親や社会の期待を優先して、職場では同僚から嫌われないように、上司の機嫌を損ねないように振る舞う。割を食っても、頑張る。女性の場合は女らしさの社会規範に従い続けていくと、誰かにとってのベストサポーターにはなれるかもしれないけど、自分は何がしたいか、どう生きたいかを自由に考えて決めるのが難しくなることがあるよね。自分のことなのに裁量できなくなっちゃう。少なくとも日本ではそうじゃないかな。国によって社会規範の違いはあるだろうけど。

中野　ヨーロッパ諸国は女性の人権意識が進んでいると思われがちですが、日本とさほど大きな差はないよね。イギリスで女性の参政権が認められるようになったのだって、たかだか100年前のことだし。

世界史で有名な1789年のフランス革命の人権宣言にだって、女性のことなんて一

言も書いてないからね。第一条に掲げられている
"Les hommes naissent et demeurent libres et égaux en droits."
（人は自由かつ、権利において平等なものとして生まれ、存在する）
という文言ですが、ここの主語であるhommes＝男性ですから。「人は」って訳されているけれど、そこに「女性」は入っていない。「女は人間じゃない」宣言だからね。

スー　フフフ。ウケる。ウケないけど！

婚活中の人全員が結婚がしたいわけじゃない？

スー　中野さんは今までの人生で、世間の言う「女らしさ」に違和感を抱く出来事ってあった？

中野　そんなのはもう数えきれないほどありますよ。私はリーダーシップを発揮できるタイプの女の子ではなかったけれど、自分の意見はハッキリ主張するというか、うっかり言ってしまう、のほうが正しいけれど、そういうタイプだったのね。でもそういった態度を取ると、「女らしくない」と否定的に見られたよね。授業やみんなが話し合う場で積極的に自分から発言するだけでも、ネガティブ要素として捉えられたり。たんに学校の成績がいいという事実だけをとっても、女らしくないとみなされる。合理的に振る

舞って担任の先生から「利己的」だと評価されたこともあります。男だったら多分そういう評価にはならないんじゃないかと思う。物心ついたときから、「もし私が男だったら、母も先生もこういう風には言わなかっただろうな」と感じてましたね。

スー　我が子の成績がよかったら、自慢に思うものじゃないの？　ネガティブ要素って、どういう風に？

中野　「そんなに勉強するんじゃありません」「あなたが男の子だったらよかったのにね」とかね。小学校に上がる前からそう。子ども用の知育玩具ってあるじゃない？　面白がってやっているうちに、対象年齢が自分より上のものもどんどんやってしまう。そんな私を見て周りの親戚たちは「この子はすごい！」と喜ぶけれども、母の顔だけが曇っていく。祖母も似たような反応でした。「そんなんじゃ結婚できないねぇ」と口ぐせのように言っていましたね。

スー　うわ、それツラい。私も幼稚園のときに「そんなんじゃお嫁に行けない」って大人から言われた記憶があってさ。私ね、小さいときはいつもズボンを好んで穿いてたんだけど、座るときに膝をピタッと閉じられなかったんだよね。小さい頃の写真を見ると、どれも両足がパカッて開いてるの。親からも「足が開いているから注意しなさい」とは言われてたんだけど、そんなに気にしてなくて。でも、あるとき友達のお母さんが、足

スカートめくりの標的にならない女の子

が開いたまんまの私の写真を見て「あら、これじゃお嫁に行けないわね」って笑いながら言ったのよ。そのときの私は幼稚園生だったけど、すごく違和感があった。「膝を開いて座る」と「お嫁に行けない」が、頭の中でまったくつながらなかったから。

中野　お嫁に行けないって脅迫の言葉なんだよね。今、婚活に勤しんでいる女性たちも、全員が全員、すごく結婚したいわけじゃないんだと思うんですよ。結婚したいのではなくて、「女として自分がまっとうであるか」という証明書が欲しい、それだけのために、結婚という事実を必要としている、そんな気がします。

「体が大きい」「頭がいい」ことによる違和感って？

スー　私の場合、最初の違和感は自分の体型。生まれたばかりのときはそうでもなかったのに、幼少期以降はすごく体が大きい子に成長したのね。今はたんに体格のいい、ちょっと太い人、ぐらいなんですけど。フフフ。

中野　スーさんはそもそも身長が結構高いでしょう。昔からそうだったの？　4月生まれだから成長が早かったとか。

スー　5月生まれっていうのはあるかもしれないけど、それにしたって大きい子どもだったんですよ。小学校のときにプールの縁に生徒みんなが座って集合写真を撮ったら、私一人だけ体が大きすぎて教育実習生みたいに見えた。足のサイズも小5で24センチとか。クラスの一番背が高い男子と私で、どちらが大きいかって足のサイズを競い合ってたからね。体の大きい子どもってグラマラスとはほど遠く、おばさん体型とほぼ一緒。第二次性徴がまだきてないからくびれとかもないし、背がひょろっと高い、細い女子とはまた違って、体に厚みがあったのね。「みんなと同じ」ってことが安心材料になる国で、「一人だけ体が大きい自分」の異形感、違和感みたいなのはずっと子どもの頃からあった。

自分の「みんなとは違う」を決定づけた出来事がひとつあって。小学生のとき、男女20人くらいが集まった子ども会で、男子が突然悪ふざけを始めて女の子たちのスカートを片っ端からめくり始めたのよ。すごくかわいい栗毛のおとなしい女の子が執拗にめくられてて、その子が「助けて」みたいな感じで私の背後に隠れにきた。そこで正義感に燃えちゃった私は、向かってくる男の子たちをどんどん突き飛ばしたんですよ。そしたら私より背が低かった男の子がすごい冷静な顔で、「お前のなんか、めくらないよ」と言い放って。ショックでしたね。めくられないことがショックってのも変な話なんだけど、「お前にはその価値がない」と言われたような気がして。と同時に、「この男の子は今、力では私に敵わないことを悔しく思っているんだ」と彼の感情も一瞬で見て取れて

周囲との関係性が一番しんどかった中学時代

しまった。だからすごく複雑だったな。「お前は俺の性の対象にはならない」「でも力では敵わないからこういう意地悪の形で仕返ししてやる」のふたつをいっぺんに体感してしまったから。そういう経験もあって、私は自分自身を「普通の女の子」として見られなかったんだよね。それは今も続いてる。

私の場合は体型が規格外ゆえの葛藤があったけれども、中野さんには頭のよい子ならではの大変さがあったでしょう。

中野　頭がいい、という実感はあまり実は生まれなかったんだけど、何だかみんなと違うなという疎外感のようなものは、どこかにずっとありましたね。成績がよい、というのは必ずしもいいことばかりではなくて、みんなに受け入れられたい、ということを考えた場合にはハードルになってしまったりもするんだよね。

あれ？　私周囲から浮いちゃってる？

スー　形は違えど、私も中野さんも用意された環境にスポッとはまれなかったわけだ。今は逆にラッキーだったなと思えることもあるけど、子ども時代にはもちろんそんな風には考えられないよね。

中野　私、小学校に入学する前に東京から田舎に引っ越したのね。だから最初は転校生だから、変に周囲から浮いちゃってるのかな、と思っていた。でも、3歳下の妹はそんなことなかったんですよ。私と違ってちゃんと友達も作れていた。そういう妹の姿を見て初めて「あ、自分はやっぱりちょっと変なんだ」と自覚したよね。薄々そうかなと思っていたけど、やっぱりそうだったのかって。

スー　何年生ぐらいでそれ自覚したの？

中野　小4かな。そんな感じで小学校時代は過ぎていきました。ただ、中学からは東京の私立校に進学することになったので、東京に行ったらもっとまともにやれるだろうと信じていたんですよ。ところが進学した学校でも、同調圧力というもののあらがいようのなさを感じさせられてしまう。すると、自分の中の違和感だけはずっと残ったままで、成績もいいままだし、溶け込めない。困ったなというのが正直な気持ちでしたね。

一番きしみを感じたのは、中2か中3のとき。当時の私は真剣に、なんで他の子たちは自分と同じように勉強ができないのかわからなかった。授業で習ったことしかテストには出ないのになんでみんなは答案にそれを書かないんだろう？　何か私の知らない〝暗黙の了解〟みたいなものがもしかしてあるのかな？　と思ったりした。

スー　暗黙の了解？

中野　「先生に花を持たせる」みたいな奥ゆかしさとかたしなみとか、そういう兼ね合いで、「テストの点数を取らない同盟」みたいなのがあるのかな、と考えたんですよ。全問正解すると感じ悪いみたいな。で、その疑問をクラスメートに直接ぶつけてしまった。それが大失敗でしたね。クラスメートとの溝がさらに深まりました。そんな経緯で中学時代はすごくしんどかった。高校では受験クラスに進んだので、比較的楽になりましたね。勉強さえできればそれでよしとされる環境だったので。誰かと誰かがつき合ってるとか、煩わしい人間関係とか、そういう余計なことは一切考えないでよくなったし。

ナオミ・キャンベルという女性の「外れ値」

男女の根本的な差は本当にある?

スー　お互い全然違う環境で育ってきたけど、どっちも「女らしい」とされる枠からはみ出た存在だったわけだ。でもさ、「女らしさ」「男らしさ」を考える前に、男女の根本的な違い、つまり身体的な構造は明らかに違うわけじゃない? その身体的な違いが「男性はリーダー向き、女性はサポーター向き」みたいな社会規範に乱暴に分類されているのが現状だと思うんだけど、そもそも身体的な性差ってどこまで受け止めればいいんだろう。

中野　性差についてはひとつ例を挙げてみましょうか。たとえば、Aさんの身長は180cm、Bさんの身長は155cmですという情報があったとする。このとき、AさんとBさんの性別はそれぞれ何だと思いますか？　そう聞かれたら、おそらく多くの人は「Aさんが男性で、Bさんは女性だろう」と答えるよね。実際、平均身長は男女で違うわけだし。このとき、身長には「性差がある」と言います。

一方で、ナオミ・キャンベルは身長が180cm近くありますよね。彼女の身長は女性の平均値より外れる統計学でいうところの「外れ値」と言えます。けれども、ナオミ・キャンベルの性染色体はXXでしょう？　多分。同じように、世の中には155cmの男性だっている。彼もまた身長という尺度では外れ値であるが男性である。つまり、外れ値に注目して、こういう人がいるから性差はないんじゃないかというと、それもおかしいわけです。外れ値はあるが、性差は有意（確かに差があり、偶然起こったものではないと言えるかどうかを検討した結果の差）にあるんですね。

私たちの身体には脳という器官がありますよね。これは一応、「有意な性差がある器官」なんです。ただし、その差は個人差と比べると小さいと考えられてはいる。スウェーデンのカロリンスカ研究所のイヴァンカ・サヴィックが割とこのあたりの研究をしています。

スー　スウェーデン……。まるで見当がつかないけど、何の研究してるの？

中野　ジェンダーと脳というテーマだよね。2008年には同性愛の男性と異性愛

美、モテ、若さはすべて目減りする価値

の女性の脳は似ているという論文を発表している（学術誌『米国科学アカデミー紀要（PNAS）2008』より）。同性愛の女性と異性愛の男性もやはり似ていて、比較的攻撃性が高いことが示されたりもした。そういうデータは意外とたくさんあるんだけれど、こういう性にまつわる生物学的関心は扱いが難しいよね。下手をするとヘイトだとか優生主義者だとか言われてしまいかねない。

スー　個体差もあるし、環境の影響もある。しかし、有意な性差もある。大切なのはその性差を機会不均衡の理由にすんなって話だよね。

中野　差があるんだったら、お互いの得意なところを活かして埋めたり、協力したりしてやりましょうよ、っていうのがやっぱり合理的な考えだと思うけどねぇ……。

スー　そうなると、ある意味ナオミ・キャンベル的な私たちも生きやすくなる（笑）。

若さ起因の美やモテはいつまで通用する？

中野　損得の話に戻りましょうか。「若さ」や「美人」のように、一般的に「得」と世間にみなされているものは全部、長期的には使えない価値なんだよね。若さ貯金って絶対に増えることはない。ずっと減り続けていくものだと誰でもわかる。減り続けるしかない貯金に頼る戦略で人生どこまで行けるのかな。

スー　短期的に得を取れる場面もあるけれど、目減りしていく資産に自分の存在意義や価値を見出すこと自体が危ういし、長期的には「損」に転じるよね。目減りする武器には頼らない戦略を模索するほうが、私は得を得やすいと判断するけど。今ってそういうことに気づきにくい社会だと思う？

中野　気づきにくいとは思わないですね。だって私たちは現に気づいたわけだし。でも、気づかないでいる人を気づかせないままでいさせようという悪質な仕組みは、もしかしたらあるのかもしれない。

たとえば、「若くて魅力的な女」という価値で勝負している人たちをターゲットとしたもの、彼女たちが飛びつくようなアンチエイジング商品が市場ではたくさん売られている。若さや美といった貯金が目減りするのを少しでも防ぐためのツールで儲けている人たちもいる。カップルの関係性において常に自分がイニシアチブ（主導権）を取りたいがゆえに、あえてそういう価値に重きを置いて女を選ぶ男もいる。そういった複合的な要因があるかなとは思いますね。

ただ、いずれにせよ若さや魅力を維持するためには、ある程度の経済力が必要という残酷な現実がある。若さや美とは別の価値を自分の中で育てていったほうが、長期的に見たときには得が大きいと私は思います。

スー　若いこと自体は悪じゃないんだよね。それはちゃんと言っておこう。不確定要素が多くて不安になることもあるだろうけど、それは変化の振り幅が大きいってことでもあって。雑な言い方をすれば、「決まったレールがない」ってこと。可能性が多分にあるってことなんだよね。そういう時期って限られているから、十二分に味わったらいいと思う。

ひとつだけ気をつけてほしいのが、若さを何に向かって行使するかってこと。若さに値段をつけてお金に換えるような人たちにそれを行使すると、行使しているつもりで搾取されかねない。でも、ちょっと無理して行きたい場所へ行ってみるとか、知的好奇心を満たすためにフットワーク軽く動き続けるとか、そういう方面に活用すれば、若さって絶対的な得になりうる。年取っても楽しいことはいっぱいあるけど、気力、体力、記憶力、吸収力なんかは、やっぱり若い頃のほうが旺盛だし。

中野　目につくところによく出てくるのは、若さを搾取するビジネスのほうだもんね。

スー　そうね。40代の私たちですら、年上の女性から「まだまだ若いんだから」って励まされることってあるじゃない？　昔はその意味がわからなかったんだけど、自分がこの歳になってようやくわかったの。あれは相対的な若さなんだよね。上の世代の人たちから見たら、確かに体力的・精神的に私たちはまだまだ若いわけで、そのパワーを行使する先を選べば可能性の扉は開けるわよ、という意味での「まだまだ若い」なんだよね。でも言われた側の自認は若者ではないから、「え？　私の若さなんてもう換金できるようなものじゃないですけど、何言ってるの？」となる。そこに齟齬が生じるんだよ。

中野　あのね、この本を読んでいる人全員に実感してほしいんですけど、今この瞬間があなたのこれから先の人生においては一番若いんですよ。だから、「私なんてもう若くはないから」という考え方で何かを諦めることはしないでほしいと思う。

スー　おっしゃる通り。すべての人類は今日が一番若い。そして明日になると一日分、年を取る。その刻一刻と目減りしていく貴重な若さという資源を、自分以外の誰かに値づけさせていいの？　って話だな。

じゃあおばさんが損かというと、そんなことはまったくないんだよね。日々の出来事に新鮮味はなくなるけれど、あらゆる物事の工程をうまいことはしょれるようになるから。目の前のタスクに効率よく、楽に向き合えるようになる。そういう意味ではおばさんってすっごい得だなと思うわ。

中野　20代のときはステージ1をクリアするのに1週間ぐらいかかったけど、40代になったら1時間でクリアできた、みたいな感じになるよね。時間と経験がある意味トレードオフされるから。だからどんな場面でも「得していたい」と考える人は、自分の

美人は、それ以外が評価されづらい

中の評価軸を柔軟に変えていくといいと思う。

やっぱり美人は得でしょ？

スー　とはいえ、「やっぱり美人のほうが得なのでは？」と思う場面が多いのも事実。ちっちゃいことで言えば、ラーメン屋さんで「美人さんにはチャーシュー1枚おまけしとくね！」と頼んでもないサービスがつく、みたいな。デメリットもあるかもしれないけどトータルで見ればメリットのほうが多いような気が……。

中野　金銭的得で見るなら、「美人」のほうが得というのは行動学的なリサーチでもたくさんのエビデンス（証拠、根拠）があるよね。くりかえしになるかもしれないけど、損得というのは必ずしも一元的ではない。金銭的報酬・物理的報酬だけが報酬ではないんです。人間としてどう扱われるのか、という社会的報酬、もっとシンプルな感覚的報酬、知的好奇心がみたされる知性的報酬もある。

たとえば、失業が人に与えるダメージって収入源を失うことだけじゃないよね。金銭面だけで見れば、生活保護など当面を生きられる手段は何かしらあったりする。むしろ「自分が社会から必要とされていないんだ」というメッセージを受け取ることのほうがその人にとってはつらいという。これが金銭的報酬と社会的報酬の位置づけ。つまり、ある人にとっては社会的報酬のほうが上であれば、美人ではないほうが得というケースが生じる。

スー　美人であることばかりが目立つと、それ以外で評価されづらくなるってのは確かにあるな。頑張って獲得したものでも「美人だからでしょ？」と暗に下駄を履いたような言われ方をするとかね。あと、美人であるがゆえに人間扱いされない場面も結構あるか。たとえば合コンで、「今日は美人揃えたよ」と言われたら、出荷直前の在庫と同じ扱いだもん。

中野　そうだね。美人は「お前の中身なんかいらない」というメッセージを常に社会からうっすら受け続けているとも言える。美人である自分にあぐらをかけるような、言葉は悪いけれど、「適度に鈍い美人」はある意味幸せかもしれないよね。でも、繊細で頭のいい美人はかわいそう。「お前なんかいくらでも代わりがいる」「後から若い女の子はどんどん出てくる」というメッセージをずっと受けながら、今受け取っている得がいつ失われるんだろう、と常に脅えながら生きていかなきゃいけないから。

逆に美人とは言いにくい女の子は、他の価値に目を向けてもらいやすい。ある女性の芸人さんがテレビ番組に美しい姿で登場されたとき、「芸人としては終わったな」と先輩の男性芸人の方がつぶやいていらしたのが印象的でした。私は容姿の美しさを強みにしていないほうが長期的な戦略が取れて得だと思うけれど。ただ、本人はそれを手放しで喜べるかというとそうではないかもね。

スー　容姿がいい女は、それだけで自動的に頭が悪いと思われがち問題もあるよね。容姿以外に突出した能力を持ってると、意外性と捉えられる。「美人だけどめちゃめちゃ面白い」って言い方は、つまり「めちゃめちゃ面白い」が想定外だったってこと。

中野　そこの価値は食いあいますね。そして、頭がよくても男より頭がいいと男に好かれない。ほどほどくらいがよしとされる。

スー　美しさは競合にならないけど、頭脳は競合案件になる不思議。つまり、美は女性、頭脳は男性の担当分野だと思われてるんだろうな。

ヒッチハイクの成功率と胸の大きさの関係

美人と魅力度は、イコールではない？

中野　フランス南ブルターニュ大学のニコラス・ゲーガン教授が発表した「バストサイズとヒッチハイクのフィールドスタディ」という有名な実験があるんです。どういうものかというと、女性たちにヒッチハイカー役になってもらって、まったく同じ服装をさせて、バストサイズだけをAカップ、Bカップ、Cカップと変えていった場合、男性のドライバーはどれくらいの割合で車を止めてくれるでしょう？

スー　うわ、もう腹が立ってきたわ（笑）。結論が透けて見える。

中野　そう、結果は身も蓋もない。お察しの通り、一番多くヒッチハイクが成功できた女性群はCカップの24％。次がBカップで17％、最下位がAカップの14％だったという結果が出た。じゃあ胸のサイズが大きい女性のほうがやっぱり得なのではと思ってしまうよね。ただ、やはり女性の立場を考えてみると単に男性から見たときに「あわよくばセックスできそう」という性的対象として選ばれたに過ぎないとも言える。

別の実験で、プリンストン大学の心理学者スーザン・フィスクが行ったものがあります。ビキニ姿の女性と、露出の少ない普通の服装の女性の写真を両方見せた場合、ビキニ姿の女性を見たときの男性の脳では思いやりや共感、良心などを司る脳の領域がまったく働かなかった。これは、ビキニを着ている女性を男性の脳は人と判断していなかったということなんだよね。つまり同じ人間ではなく、「モノ」として女性を見ていた。女性をモノとして扱ってもいいんだ、と感じてしまう脳の仕組みがあるからこそ、いろんな性犯罪の事件が起きてしまうとも言えるかもしれない。

スー　なるほど。ヒッチハイクの実験も「あわよくばセックスできる対象として見たら、AカップとCカップどれがいい？」っていう質問に聞こえる男がいるんだろうね。自分と同じ人間が困っているから助けるのではなくて、自分から見て「やれそう」「やりたい」対象だから乗せる。残りの45%はどう答えたのか気になるところだわ。
ところでこの実験、ヒッチハイカーを男性に、乗せる側を女性に置き換えても同じような結果になるのかな。イケメンであるほど乗せてもらえる確率が高まる、とか？

中野 ヒッチハイクの実験は男女を逆にすると性別の非対称性がよくわかる。女性側が自分の車に誰かを乗せる立場になったら、やっぱり身の危険を考えざるを得ない。すると、セクシーな男性はただそれだけでは選びにくい。

スー 「万が一襲ってきたとしても、勝てそうな体格の男性を乗せる」という選択をする女性がいるかもね。あとは清潔感があるか否かも判断材料になりそう。

中野 そうそう。男性が運転手の場合は体格差でほぼ勝てる女性に襲われる心配はほとんどないから、女性の胸の大きさだけを考えることが許されるということよ。「あわよくばセックスできそう」という点だけに注目して、自分の身の安全は考慮しなくていい。

美人は努力して技能を獲得する必要なんてない？

スー 女性は「モノ」として扱われる場面があるって話で思い出した。私、30歳くらいのときに大失恋で激痩せしたんですよ。いつも元気がなくて、放出してるエネルギーも通常の半分以下で。そんなとき、友人がバーテンダーをしているバーに行ったら、「ねえ、何してんの？　一人？」ってグイグイくるサラリーマンっぽい男性が絡んできた。そんなこと生きてて一度もなかったからびっくりしたよ。「こいつ、押せばいけるな」と思われているのが手に取るようにわかった。こっちの意思なんか完全に無視。私としては初対面の相手だから、おかしいなと思いながらも失礼のないようにうっかり対応しちゃったんだよ。そうしたらさらに強引にこられて、もう何なのこれ？　って。あのときの不快感は、自分がモノ扱いされたことに対するそれだったんだな。

中野　そのときのスーさんは彼にとってはモノに見えていたんだろうなあ。だから、「いくら失礼な振る舞いをしてもいい」という理屈が無意識に働いたんだね。性欲のホルモン、テストステロンのスコープに入った途端、女はモノとみなされてしまう。

スー　その眼鏡かけて見てほしいなんてこっちは思ってないのにね。失恋前の私なら目に入らなかったと思うけど、痩せて無難な服装をしてちょっと弱気にしてたら、彼の視界に入ってしまった。これどころじゃない目にしょっちゅう遭わなきゃいけないなら、美人って本当に大変だなとしみじみ思いました。かわいい、美人というだけであんな経験を何度もしてきたら、他者への信頼が薄くなっても仕方がないと思ったわ。

中野　得どころか、結構過酷な部分があることは否めないと思う。美人というだけで、常に差別の視線にさらされてしまうから。美人をモノとみなす男性にとっては、普通の

失恋で痩せたら「モノ」扱いされた

女は普通の人だけど、美人はモノ、つまり「非人間」に自動的になっちゃうんだよね。じゃあ逆に女性がイケメンを見ているときは脳の働き的にモノとみなしているかというと、別にそうはなっていない。むしろ、人間としてまともかどうか確かめようとする働きが脳では起きることがわかっている。ここも非対称だね。イケメンのほうが実際の能力をより下に見られる傾向はあるようだけれども、モノとして見られたり扱われることは美人と比べたら少ないのではないかな。

スー　男性からモノ扱いされることもそうだけど、「美人すぎる××」もひどい。あれは、その職業に就く女は不美人だと思われているからああいう言い方になる。そして、美人は努力して特別な技能を獲得する必要などないとも思われてる。どっちにしろ、失礼。美人、楽じゃないね。中野さんも美人で損したことある？

中野　美人というよか、いわゆる「十人並み」に学歴という下駄を履かせた容姿なのだと思うけれど……、「華麗な経歴なのに、セクシーですね」って言われて、「はあ？」って思ったことはある。

スー　頭いいのに性的な見た目をしてるんだね、って意味だよね。全方位でひどいな。ところでさ、トランプ大統領の妻のメラニア夫人を見るとつらくならない？　今、世界で一番かわいそうな美人は彼女だと思う。トロフィーワイフ（年収や地位の高い男性が手に入れる、人に自慢できるような女性）の頂点に立ったはずなのに、幸せそうに見えない。誰からも何にも期待されてないように見える。前大統領夫人のミシェル・オバマとは大違い。

中野　あの人、いつもなんか寂しそうな顔してるね。意思決定を許されなかった美人なんだろうなと個人的に思ったよ。歴史的にはマリー・アントワネットがそうだね。美人で得してないどころか、最終的には処刑されてしまう。王家に生まれて美しく育った。ここまでなら誰もがうらやむ。でも、結婚相手は勝手に決められ、全フランス国民の恨みつらみ妬みを買って、残された息子も人々にひどく虐待されて。彼女は美人でめちゃくちゃ損した人じゃないかなあ……。

スー　結局、若さや美貌のご褒美に与えられた得って、どれも蓄積されない資産なんだよね。どんなにいい思いをしても、権力者に獲得されたその先には選択権・決定権のない未来が待っている。

中野　男にとっては昆虫採集と同じ感覚なんだよ、きっと。だからこそ、モテる女子を目指して頑張っている女性には、「あなたは珍しいカブトムシになりたいですか？　本当に？」と問いかけたい……。男にとってモテている女子や美人は、たんに捕まえたくなる珍しい虫とかポケモンと同じなんだと思うよ。

スー　「貴様はヘラクレスオオカブトになりたいのか⁉」って話だな。フフフ。昆虫採集のためにあるような雑誌が頭に浮かんできたよ。「今宵、ヘラクレスオオカブトと麻布十番のバーで」みたいな。樹液でも飲むのかしら。まぁあれはあれで、男と女の見栄とコンプレックスがないまぜになっててエンタメとしては面白いけど。

中野　もちろん自分の美しさを早い段階から自覚して、自分自身をプロデュースしながら生きる美人もいるよね。だけど、それってもはや美人という名のハンディキャップとも言える。考えなくてもいいことを考えなきゃならない、負荷だから。そのハンデをどう活かしていくか、という戦略を早い段階で立てられないと、すぐなくなるリソースにスタック（立ち往生）させられて自分の意思決定権を奪われる。

スー　人並みな顔の女性と、ずば抜けた美人。どっちがハンディキャッパーかって言ったら、美人なんでしょうね。なぜならマイノリティーだから。ちょっと前までは世間の風潮として「ブスのくせに、何かわいくしようとしてるの」みたいなディスりがあったけど、最近では普通の子がかわいくなるために一生懸命努力することが、かなりポジティブに受け止められてるじゃん。ところが、かわいい子がさらにかわいくなろうとすると、欲張りと思われる。「十分持っているのに、もっと欲しいの？　強欲だね」って。それも含めてやっぱり損がありますね。

美人であるだけで得な場面は?

中野　もちろん、美人であるだけで得な場面はいくらでもあるのよ。そこで惑わされて自分の裁量権を失うかどうかが問題なのであってね。たとえばこんな実験があります。刑務所で再収監率を減らそうとして八方手を尽くしたものの、ほぼ効果がなかった。ただし、唯一「有意差がある」と認められたのが、刑務所での美容整形だった。再犯防止教育やカウンセリングよりも、整形で容姿がよくなったことによって再収監率が有意に下がったんです。

スー　以前にテレビで『B.C.ビューティー・コロシアム』(フジテレビ系)に出演した女性たちのその後を追いかけた回を見たのね。整形やダイエットがその後の人生をどう変えたかっていう話。もちろん、テレビだから幸せになったケースしか登場しないんだけど。その中の一人が、「服を買いに行っても、お店の人がちゃんと対応してくれるようになった」って言ってた。彼女の体感として、社会からの評価が変わった実感があるんだろう。

と同時に、中野さんの話で『アイ・フィール・プリティ! 人生最高のハプニング』って映画も思い出したのよ。コンプレックスだらけのぽっちゃり系女子が頭を打っ

ただし、美人は社会からよく扱われるメリットがある

て、実際の見た目は何も変わっていないのに、「私、絶世の美女になっちゃった!」と勘違いするラブコメ映画。外見は変わらないまま自己認識だけがよい方向に変わったら、超ポジティブに行動できるようになって、欲しいものがどんどん手に入るようになる話。まぁフィクションだけど、一理あるとも思う。美容整形で再収監率が下がった話にも通じるところがあるように思うわ。卵が先かニワトリが先かわからないけど、周囲からきちんと扱われること、自己認識が変わって堂々と振る舞えるようになること、そのふたつによって自分の居場所ができて、再び犯罪に手を染めずに済む。そういう要因もあるかもしれない。

中野 スペックという言葉で人を語るのは好きじゃないけど、仮に同じスペックで容姿だけが違うなら美しいほうが得するよっていう、その差分の話はある程度は正しい。ただ、その一方で、外見だけでいろいろなことが判断されるというのは実は恐ろしい側面もある。

美人と不美人という比較ではありませんが、米国疾病対策センター(CDC)によれば、アメリカではアフリカ系米国人女性と白人女性の妊産婦の死亡率を比較したところ、アフリカ系米国人女性が妊娠に関連する原因で死亡する確率が、白人女性の約3倍にものぼっているという統計データも出ています。その背景には、もちろん収入、所得の格

差もあるけど人種差別や偏見から黒人というだけで医療関係者の扱いが雑になっている可能性があるのでは、という指摘もある。容姿の優劣だけではなく、肌の色の違いが他者にそういった影響を及ぼす場合もあるという事実は覚えておいていいかもしれない。

スー　美人のデメリットって外からはわかりづらいよね。得な部分ばかりが目に入る。だから、「美人になる」「きれいになる」をモテ＝得のために目指す女が後を絶たないのも無理ないよ。世間はそれを煽って人のお財布を開かせようとするし。

もちろん、きれいになりたい気持ち自体は肯定されていい。メイクが上手になりたい、スタイルをよくして服を着こなせるようになりたいという思いは、自分がそうしたいなら、他人につべこべ言われる筋合いはない。

一方で、「女はメイクをしたり着飾ったりするのに時間とお金が掛かる」、「女は社会的にそれを期待されがちだ」までは肯首できるものの、「だから男の人におごってもらうのは当然だ」となると、私は正直どうかと思うよ。その理屈を正当化していくと、だんだんと被害者視点からしか物事を考えられなくなるんじゃないかな。

中野　女性は身体的に「子を産む」ための機能を持っているためにそれによる負荷が大きいので、本質的に脆弱性を持っている性と言える。そっちのほうが庇護をより多く得られるから、わざと弱さをアピールする、ということを割とやってしまいがちな面はありますね。それが高じたのが「ミュンヒハウゼン症候群」かもしれない。

スー　周囲の関心を引くために、自分で自分の体を傷つけたりする精神疾患だっけ？

中野　そうそう。自分で変な薬を飲んだりして周囲の関心や同情を引いて、誰かに看病されることで、「私はいろんな人からヘルプをもらっているから安心」となる心の病気ね。「代理ミュンヒハウゼン症候群」といって、子どもをそういう状態にしておくことで精神の安定を得る親もいます。

男性からおごられることの本当の意味とは？

スー　美人から離れて、「おごられ」問題に話をちょっと戻すね。「女はおごってもらって当然」という女性もいれば、「女はおごってもらえるからラッキーだよな」と見る男性もいる。でも、おごられるって、場合によっては自己決定権を手放すってことですからね。

中野　もう本当にそれ。以前、明石家さんまさんのテレビ番組に出演したときに、収録の現場で「女の子だって男におごってもらえたら嬉しいやろ？」ってさんまさんがゲスト陣に振ってきたんですよ。それに対してバブル世代の女性が「まあ、高いものをおごってもらえたら嬉しいですね」と答えたのね。彼女はそういうパラダイム（認識の枠組み）を自己アピールのポイントにされてもいる方で、もちろんそういう考え方もありだとは思う。でも、私自身はおごられることは好きじゃない。できれば避けたい。

それってなぜなんだろうとじっくり考えてみたんだけど、結局はさっきスーさんが言った「自己決定権を手放すことだから」なんだよね。おごられることを受け入れるのは、相手の支配を受け入れることと等価になる。

スー　イーブンな関係性ではなくなっちゃうんだよね。会社員の頃に、取引先の男性に「おい、飯行くぞ」ってご飯連れてってもらったことがあったのよ。仲間みたいに思ってたんだよね、私は。そんなに歳は離れてない人だったんだけど、ボスっぽいキャラの人ではあった。で、ご飯食べ終わった後に「ごちそうさまでした」とお礼を伝えて、楽しかったから「またご飯行きましょう！」と朗らかに言ったら、すごいムッとされたんだよ。「違うだろ？『またご飯連れてってください』だろ？」と。「なるほどー！」って目から鱗が落ちた。会計を持つって、相手の首に鎖をつける行為にもなるんだよね。「また行きましょう」と言えるのは、金を支払った側だけ。もしくは、割り勘したとき。おごってもらった側は、相手からの誘いを待つか、お願いするしかない。この場合、相手は舎弟が欲しかったんだよね。そこから私は学習して、仕事関係でそういうのを喜びそうな相手には「連れてってくださーい！」ってあえて言うようにした。そしたらみん

「おごられる」ことは相手の支配を受け入れること

な、まんまと喜ぶんだよ。

中野　そこで逆手に取って言えるのがすごいな〜。私は抵抗が大きいタイプ。やむなくおごられたら、「後日、必ず返させてください」と言いたくなってしまう。という話をしていたら、生物学者の池田清彦先生が「それは支配されることが嫌だからだよね」ってズバッと見抜いてきて、あっこの人、わかるんだな、すてきだなと思っちゃった。

支配されることがすごくすごく嫌なんですよ。子どもの頃からずっとそう。さっきも話したけど、通信簿に「利己的」って書かれるくらいだから、自我の強さは相当だったんだろうと思う。当時はなんでそういうことを書かれるのかわからなかったのね。でも多分、やっぱり浮いていたんだろうし、言うことを聞かない子だったんだろうな。空気を読めない子でもあったり、納得できないことは「違う」と言ってしまうし、従わなきゃいけない場面でも従えない。男性に「ご飯連れて行ってください」と言うのも、今でもやっぱり相当頑張らないとできないかもしれない。「一緒に行きましょうよ」なら言えるけど、「おごってください」は茶化すようにでもしないと言えないかなあ。言えたらもっと違う人生が待っていたんでしょうけど。

だから、いわゆるハイスペックな男性は苦手なんです。世の中的には「結婚するなら絶対にハイスペックな男性がいい」という女性は少なくないと思うけど、私は可能な限り避けたいですよ。だってどうしたって向こうはこちらを支配したいでしょうから。そういう関係性を受け入れるか、または別れるかのどちらかしかない。一方だけに裁量権があるような関係性はやっぱりかなりしんどいと思うなあ。

男に寄生する生き方はなぜリスキーなの？

スー　誰がどの視点から語るかで、同じ現象がまったく別モノに見えてくるのが損得問題だよね。ただ、声を大にして言いたいのは、「世間の考える女の得って、最後は行き止まり」ってこと。その場その場でお得なことはあるんですよ。お金が浮くとか労力がいらないとかね。でもそういう「得」は、年齢を重ねていくと必ず行き止まりになる。

中野　自分を支配しようとする相手にパラサイト（寄生）することでしか得られない得だからだよね。だから離別や死別で宿主がいなくなると、次をすみやかに見つけないと、どうにもならなくなる。

スー　宿主がいないと生きていけないのって、経済成長が見込めない時代は特にリスキーでしょう。「次の寄生先を見つけよう」と思っても、そう簡単に同じレベルの宿主が見つかるとは限らない。だからこそ、女が経済的に自立できる社会になってほしい。

中野　女性を取り巻く日本の今の空気って、「ＬＧＢＴに対するサポートが手厚過ぎ

女の得って結局最後は行き止まり

る」と主張する人の目線と似ている気がします。LGBTに対する実質的なサポートなんてほぼ0、またはマイナスなのに、「もっとみんな寛容になりましょうよ」という空気が流れたり、メディアで騒がれたりしただけで「あいつらはすごく優遇されている」とネガティブに見たり妬む人たちが出てくる。そもそもヨーロッパのレディー・ファーストだって、女性が男性より劣る、という前提があるから生まれてきたものなのにね。レディースデーもレディースセットもそう。表面のサポートの部分だけを見て「女は優遇されている」みたいに勘違いする男が今の日本には多過ぎる。ただ、その構造自体が巧妙に隠されているから、女性自身もあまりそのことに気づいていない。

『ニューズウィーク』（2019年3月14日号）にあったけれど、男女の賃金格差が21％もあるから女性の運賃を21％割引に、とベルリンの公共交通機関は発表したのは、すごいなと思ったね。

スー　たいていは可視化されないようにうまいことできてるよね。気づいたとしても、口に出すには社会規範が重荷になる。「こんなことを言うのは女らしくないかも」って。

中野　そうなんです。そういった構造が見えている女性が「いや、得ではないしむしろ損をしている」と主張すると、「そんな見方をするなんてあんたがブスで損しているのをひがんでるんでしょ」「そういうこと言うと結婚できないよ」とか批判的に見られたりするんですよ。構造が見えていても言いづらくさせる圧力が世間にある。「これ言ったら嫌われるだろうな」ということがわかるから、女性たち自身はあらかじめ察して口を閉じてしまう。

「女は損だ」と声高に言うと、すぐに「フェミだ」という批判的な声があがるよね。過剰に主張する面倒な人、みたいに思われてしまう。でも「フェミニズム」という言葉が存在している時点で、男女平等ではない、構造がおかしいということの証明でもある。

スー 横取りしたいんじゃなくて、性別のせいで不均衡が生まれるような仕組みを無くしていきたいの。働き始めたらたいていどこも競争社会なわけじゃない? 男女問わず、結果を出せた人が競争に勝つはずじゃん。でも現実には「競争をよしとされる性（男）」と、「競争をよしとされない性（女）」が分けられてる。「みんなを引っ張っていく性（男）」と「みんなをケアする性（女）」とかね。期待される「よい振る舞い」が全然違うんだよね。だから、男と競争する女、嫌われがち。その前提で働くとなると、女にとってはただただ枷が大きいんですよ。既に大きな損を抱えているとも言える。

「男ウケ」「女ウケ」本当に得なのはどっち!?

中野 「得を取りたい」という気持ちに添って考えるなら、私はメイクやファッション

メイクや服は女ウケを狙ったほうがコスパがいい

に関して言えば「男ウケ」よりも「女ウケ」を狙ったほうが実はコスパがいいと思うんだよね。

スー　この場合のコスパとは？

中野　投資に見合うリターン。男ウケよりも女ウケを考えたほうが、同じ費用を掛けたときに返ってくるものが大きいんじゃないかな。男ウケを優先させると同性からの反発が高まる反面、周囲を見渡せば若くてきれいな女子があとからあとから量産されていくでしょう。「加齢による劣化を少しでも感じさせない」ということにいつも心的リソースを割かれなきゃいけない。それでも否応なく年は取っていくわけだから、投資に対する見返りとしての期待値を考えると、ひどく低くなっちゃうのね。

でも女ウケを考えた場合は、価値が目減りしないんですよ。加齢だって「いい年の取り方をしてるね」と解釈されるし……。まあ、エビデンスがしっかりとあるわけでもなくごく個人的な意見ですが。

スー　なるほど。20代と30代で同じ格好をしていても、男と女からのウケ度は違うよね。

中野　おっしゃる通り。でも加齢という要因で男ウケの曲線が下がっていくのとは対照的に、女ウケの曲線はあまり変わらないし、むしろ上がっていくことも期待できる。今なら「思い切ってグレーヘアにしました」とか、圧倒的に女ウケがいいと近藤サトさんがご自身でおっしゃっている。これはちゃんと調査すれば定量化できると思うな。
　左の表を見て下さい。面積を比較すると、女ウケA、男ウケB……っていうふうに左図のようなグラフができるでしょう。要するに、同じコストを掛けるのでも、女ウケを狙ったほうが有利でしょという考えです。
スー　何このグラフ！　面白い！　でもちょっと待って、考えようによっちゃ男ウケのよいスタイリングのほうがコスパがいい場合もあるよね？　たとえば、トレンドは無視、色は黒・白・ベージュに絞ってちょっとタイトめAラインワンピース、同じパターンの服をひたすらぐるぐるローテーションして着回しながら生きていくって手もあるでしょう。ファッションにお金と労力というコストを掛けたくないなら、そっちのほうが断然コスパがいい気もする。コンサバなスタイリングに文句をつけてくる人は男女ともほとんどいないだろうし、おおよその権力者には好評だろうし。服やメイクで自己表現したいと思うか否かでだいぶ変わってくるだろうね。
中野　服のコストで考えたらそういう場合もありえるね。アンチエイジング対策のメンテナンスとかになると、どうかな？　みんなはどんな意識でコストを掛けてるんだろう。
スー　今『美ST』（光文社）っていうビューティー月刊誌でコラム連載をやっているんだけど、私の知る限りでは「男のためにきれいを目指してます！」って人はほぼい

男ウケのコスパ、女ウケのコスパ

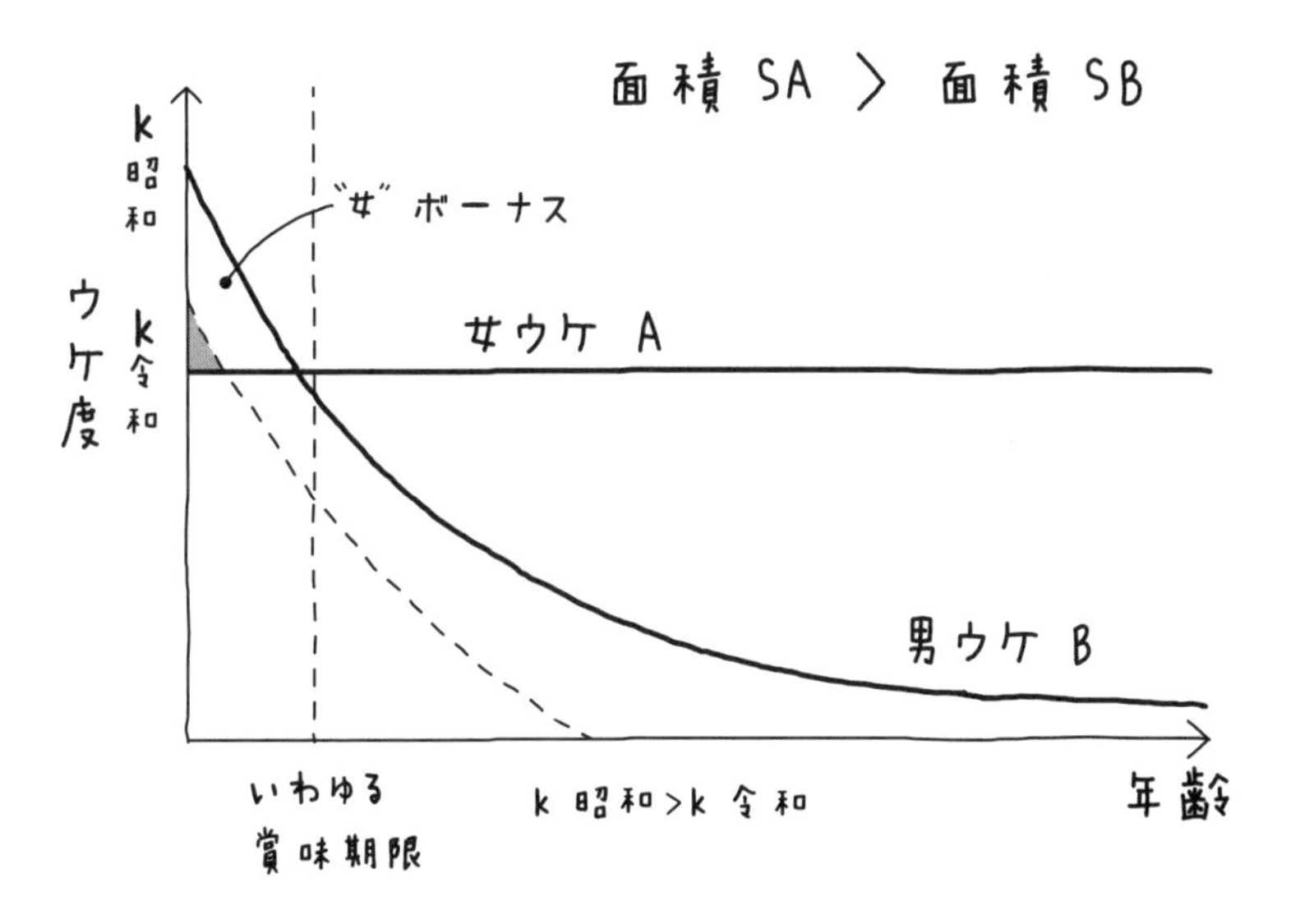

ないね。みんな自分のためにやってる。自己実現としての美。自分との戦いというか、もう美容オタクの域で、最高だよ。一昔前って「美魔女？　どうせ夫が金持ちなんでしょ？」みたいな風潮があったし私もそう思ってたけど、自分で稼いでる女性がどんどん増えてるみたい。『美ST』は強烈な女子校だよ。究極の女ウケ。

中野　芸能界は象徴的かもしれない。女性に人気がある女性タレントさんもいれば、男性に人気がある女性タレントさんもいる。でも数十年前の芸能界なら、この図で言うところのウケ度と係数を掛けて得られる最終的な報酬が大きかったから男ウケだけでもタレントは全然コストを回収できていた。ただ、今の時代は支持する人の母集団そのものがどんどん減ってきているからね。人口が多いときは男ウケだけを狙っても、面積ＳＢが十分に大きいのでビジネスとして成り立つ。実は昭和の頃は、メディアの数が限定的であったので、人口が分散されずに、ごく少数のタレントさんを多くの人が支持する、というマスの構造が作りやすかったんだよね。

平成から令和にかけての昨今は、メディアの数も種類も増えて、もはや1億総タレントと言ってもいいような状況。すると、それを支える母集団のサイズは、どうしても小さくならざるを得ないでしょう。すると、人口の半分しかいない男ウケだけを狙うと、これはビジネスとしては難しくなるよね。一発あてるだけならともかく、長期戦略は立てづらい。

スー　人口の推移が増加傾向にあったりとかメディアがひとつしかなかった時代には、この戦略でも勝てたんだ。

中野　グラフで言うと、この値kが違うんだね。関数のベースは変わらない。だけど、人口が減るとどんどんkの値が減少していく。

スー　人口の減少に伴って、芸能人一人あたりに割り当てられる国民の数が減るってことだよね。ってことは、国民の数が変わらなくても芸能人の数が増えれば同じことが起きるとも言えるのかな。つまり活躍する女性の数が爆発的に増えれば、必然的に多様性が出てくるってこと？

中野　もちろん、そうなるよね。

美人願望は、おまじないやお札？

スー　他者からどう見られているか、俯瞰の目を持つことは大切。それは否定しません。でも、社会の目をそのまま自分の目にしちゃうのは、すごく危険。「どうせ私なんてブスだから」となるのは、「美人は価値が高くブスは価値が低い」という社会のものさしを自分のものさしにしちゃってるからなんだよね。

中野　そもそもこの世が真っ暗闇だったり、人間に視覚がなかったりしたら、「美人になりたい」なんて望みを誰も抱かないですよ（笑）。今の社会でなぜ美人に憧れる女性がこんなに多いかというと、「美人になれば自分が社会から受ける恩恵を最大化できそうだから」であることは間違いでないでしょう。そこは私たち人類はみんな社会的生物だから、ある程度はもうしょうがない。ただ、実際に美人になれても思っているほどの得は取れないというだけで。

だからある意味では、美人願望はおまじないやお札に似ている気がするよね。「こっちから悪い気が入ってきませんように」と願いながら、お札を貼るようにメイクする、みたいなところがある。それに多くの女性は、「絶世の美女」とまでは言わなくとも、「とりあえず感じのいい見た目にしてさえおけば文句は出ないだろう」といつも推し量りながら生きているのが実情でしょう。

見た目でいろいろなことを言われちゃうのは、男性だって同じだと思う。「あの人、結構稼いでいるはずなのに吊るしのスーツ着てるよ」とか、やっぱり思われたくないわけでしょう。身だしなみという意味までくると、性別の差はあまり関係なくなるね。

スー　どんどん縮まってるよね。言葉の扱いとしてはどうかと思うけど、近頃よく聞く「女子力高い男子」ってそういうことじゃん。ところで、朝に顔を洗わない男性が意外

世の中には顔を洗わない男がいるという衝撃

に多いって知ってた？

中野　ええ？（笑）

スー　私がパーソナリティをやってるラジオ番組でスキンケア特集をやったら、「そもそも朝は顔、洗いません」ってメールが男性からいっぱいきたんですよ。「男って朝に顔洗わなくてもやっていける性別なんだ⁉」と衝撃を受けた。今日も57歳の男性から「43年ぶりに朝、顔を洗うようになりました。肌の調子がよくなり、周りからの評判もすこぶるいいです」って報告がきた（笑）。「朝は顔を洗わない」って女性は少ないでしょう？そのあたりの差はまだまだある。

中野　それもまた現代人にかけられている「清潔であれ」という呪いかもしれないね。ただ、これからはどんどんシームレス（継ぎ目、垣根がない）になっていくでしょう。男性用化粧品なんかもすでにたくさん出ているし、アンケートを見ると、女性もかなりそれを好意的に捉えている。羽生結弦さんが『雪肌精』の広告をやるのなんて象徴的だと思うよね。

スー　じゃんじゃんやってほしいよ。「男たるもの顔や体なんかにかまうな」って社会規範は、これから命取りになると思う。年取ったらセルフネグレクト（自己放任）まっしぐらだよ。若い頃は「やるのはみっともない」と言われてたことが、シニアになったら「できなくてみっともない」になるなんて、ひどい話。男に生まれるか女に生まれるかで、入手できる情報に偏りが出過ぎるのも問題だよね。女性は下手したら小学生の頃からボディケアの情報に親しむわけだから、年季が違う。

男性が女性の容姿にこだわる理由とは？

スー　好きになる相手の容姿に強くこだわるのって、男性のほうが多い気がするんだけど、どうかな。確かに面食いを自称する女性も多いけれど、結婚相手に選んだ人は別にイケメンじゃなかった、みたいな例はいっぱい知ってる。

中野　そもそも女性と男性では、異性を選ぶときに活動する脳の働きが違うんだよね。実は多くの女性は、あんまり相手の外見を重視していない。女性は前頭葉にある機能で、振る舞いや雰囲気で好ましく思う相手を判断しているらしい。じゃあ一方で男の人はどこで相手を選んでいるかって言うと、これは完全に視覚なんですよ。だから、「ただしイケメンに限る」っていうテンプレ（紋切り型）は完全なる誤解。「ただし美人に限る」という男側の認識が強いから、女もそうだろうと思い込んでいるんでしょうね。

スー　男性が容姿にそこまでこだわる理由は何なんだろう？

中野　進化上、容姿にこだわらなきゃいけない理由があったんでしょうね。これまでの

「ただしイケメンに限る」の誤解

人類の歴史では、子孫を多く残して、その子孫が多く生き延びた人がさらに生き延びているわけだから。どんなに強くて優れていても、子どもを残さなかった人の遺伝子はそこで終わり。次の世代には残らない。だから、今生き延びている人の遺伝子はとりあえず今の勝利者とも言える。そこを踏まえた上で、男の人の異性の選択基準が視覚だったということは、そう選ぶことが適応的だったということになる。

ただし、かつてヒトのオスがメスを選ぶときの視覚の基準としては、顔の美醜よりもくびれがある体型だということのほうが重要だったというのが研究者たちのコンセンサス（合意）としてはあるようです。

美人の価値が下がる時代はくるか？

スー　おっぱいよりくびれなんだ？　お尻の大きいメスが魅力的とされていたけど、二足歩行になって前からお尻が見えなくなったからおっぱいの大きさが重要になったたって話を聞いたことがあるけど。

中野　お尻が大きいって、つまりくびれがあるということにもつながるんですよ。ウエストとヒップの比率を指すウエストヒップレイショ（ＷＨＲ）という有名な指標があるのですが、このＷＨＲが０・６～０・７の範囲に入る女性の子どもたちと、そうでない女性から生まれた子どもたちのＩＱを比較すると、ＷＨＲが０・６〜０・７の女性から生まれた子どもたちのほうがＩＱが有意に高かったんです、なぜか。

スー　ちょっと、寸胴体型の身にもなってよ。

中野　おっぱいなんか大きくても小さくてもどっちでもいいらしいんですよ。胸の大小は生存には関係してこない。さっきスーさんが言っていたように、たんにオスがお尻を好きだということから、擬似的なものとして進化した無駄な器官がおっぱいなのかもしれない。

スー　赤ちゃんにおっぱいをあげるからといって、乳房が大きくある必要なんかないものね。他の哺乳類だってそうだし。

中野　そうそう。牛の乳房だって別に垂れているだけだから。大きいわけではない。人間の胸はクジャクの羽と一緒で無駄なものだよね。ＷＨＲと男性の嗜好の関係を調べた研究は他にもたくさんあるけれど、どうも男の人はそういうくびれが好きらしい。子どものＩＱが高くなる理由としては、オメガ３脂肪酸を多く持っている女性の子だからだとか、それが脳を作るための原料として使われるからだとか、諸説あります。

まとめると、これまではたんなるスケベ心だと思われていた男性の「性選択」が、実は自分の遺伝子を賢く産んでくれる女性を探すための指標だったのかもしれない、とい

モテとおっぱいと性選択

う話なんだけど。

スー　なるほど。でもここ間違えちゃいけないポイントだよね。「だから男が女をスケベな目で見るのはしょうがない」とは絶対にならない。私たちはたまたまそういう傾向の遺伝子を持つ子孫として生まれたってだけの話で、人をスケベ心でジャッジしていい理由にはならない。貴様の理性はどこ行ったって話だよ。

中野　そう、たんにこれまではそうでした、というだけの話だね（笑）。ＩＱの高い子を産ませるためにくびれのある女を選べ、なんて言っているわけではないですからね！

スー　性選択って言葉の意味を詳しく教えてー。

中野　性選択とは、一方の性がもう一方の性を選ぶときに起こる選り好みのこと、というとわかりやすいかな？　有性生殖をする種では、一方がもう一方の性を選ぶときに、生殖や生存には実は関係ないにもかかわらず、その性質を選り好みするがためにどんどん片方の性のその形質が派手になったりエクストリーム（極限、過激）な方向に行ったりすることがあるのね。クジャクのオスの羽とか、あんなに派手な必要ってないでしょ？　逃げるのにも大きすぎて大変だし、目立つから、あっという間に天敵に見つかって殺されそうなのに。フラミンゴだってあんなに体色が鮮やかである必要はないよね。赤い体色って体に負担になるものなので、そんなにいいことではないとされている。

だけれども、メスがどうもそれを好んだので、どんどん赤くなっちゃった、という話。

スー　クジャクもフラミンゴも、オスのほうが派手なんだっけ。

中野　鳥類は大体そうだね。オスのほうが派手だよね。

スー　視覚的なインパクトにそこまで左右されるなら、どの種においても「見た目の麗しさ」という価値が大幅に下落することはないのかなあ。時代の価値観が変わって、それに匹敵する他の何かが登場する可能性はあるだろうけど。

中野　性選択のあり方が変わってしまえば、美人の基準も変わっていくね。たとえば人が視覚を失って男性が女性を選ぶときのポイントが顔の美しさじゃなくなれば、「居心地のいい人」であることが高ポイントになっていったりするかもしれない。

スー　女友達が結婚相談所に行ったら、カウンセラーから「30歳の美人より、22歳の不美人」とハッキリ言われたって。結婚相談所では美しさより若さに高い価値がつくと。嫌な話ですが、子どもを作ることを考えるとそうなるんだそうです。

中野　「若さ」にも性別の非対称を感じるね。「やっぱり男は若いほうがいいよね」と思っている女性は、少なくとも私の周囲ではほとんど見ないし。

スー　「お金」「地位」「人生経験」がないとマイナスとみなされがちな男という性別。まったく同じ資質が「うぶ」としてプラスに捉えられがちな女という性別。恐ろしい！

加齢がネガティブ要素にならない男システムは、正直うらやましいわ。年齢やキャリアの積み重ねがプラスに転じやすい。女の場合は逆なんだよね。さっさと是正されてほしいけど、変化はいつも期待よりは緩やかなもの。過渡期をどう生き延びるか、それぞれが考えないとね。

中野　その通り。今の社会でよしとされている気遣いを筆頭とした「女らしさ」は全部、近い将来にはビッグデータの解析で誰でもできるようになるしね。女がやらなくてもAIがそれこそ完璧にできるようになっちゃう。

「私は女だからできない」と思い込まされていないか

中野信子

ステレオタイプ脅威、という現象がある。

私たちはしばしば「女性は理数系が苦手」という言説を耳にすることがあるだろう。このような『AはBが苦手』といったステレオタイプがあるとき、実際にAのパフォーマンスが下がってしまう」という現象を「ステレオタイプ脅威がある」という。心理学の用語である。

これはかなりやっかいだ。

自分に関わるネガティブなステレオタイプを意識させられてしまうと、それだけでうまくいかなくなってしまうという恐ろしいもので、しかも自分で解除することが難しい。

この現象について、トニ・シュマダーとマイケル・ジョーンズの二人はこんな実験をしている。

まずはじめに、学生たちに、「女性は数学が苦手」というステレオタイプがあると思うかどうかを訊ねる。「あると思う」と答えた学生たち（本人の数学成績は平均以上）を2群に分け、次のようなテストを受けてもらう。

2群のうち一方にはこれはワーキングメモリを調べるものです、と伝え（統制群）、もう片方には、今からやるテストは数的処理容量の試験で、これが男女の数学能力の差かもしれない、と伝える（ステレオタイプ脅威を与える群）。つまり、ふたつのテストの内容は同じで、伝える内容だけを変えるのだ。

　すると、前者の伝え方では特に男女で成績に差が出なかったのが、後者では、なんと女子学生だけ、成績が低くなったのである。

　同じテストを受けたのにもかかわらず、である。

　このコラムを読んでいるそこのあなた。もしかして、私が数学が苦手だったのは、ステレオタイプ脅威によるものだったの……！　と思っているかもしれないが、本当にそうかもしれないのだ。

　しかも、この恐ろしい現象はそのテストだけにとどまらない。

　ネガティブなステレオタイプを意識させられると、なんと他にも影響してしまうのだ。「女性は理数系が苦手」と言われただけで、理数系とは関係ない課題（たとえば、言語系）まで、成績が落ちてしまう。

　中学校くらいまでは女性のほうが成績がいいのに、高校に入ると途端に成績が落ち始めるというデータも見たことがあるように思う。この影響によるものだろう。

　読者のみなさん。思い当たるフシがないかどうか、過去の記憶を呼び覚ましてよく考えてみてほしい。あなたはもっと、あなたが思っているよりもずっと、よくできた子だったのではないか。
嫌な思い出かもしれないけれど、こんな風に、思いつく限りのネガティブな刷り込みを書き出してみてほしい。

女は男よりも勉強ができない。
もし、勉強ができたとしたら、嫁に行けない。
女は男よりもバカだ。
もし、男よりも賢かったとしたら、モテない。
女は仕事ができない。
もし、仕事ができたら、女として劣っている。
女は男よりも劣っている。
もし、男よりも劣っていなかったとしたら、俺たちが困るじゃないか！

これらの呪いがどれほどバカげていることか。書き出してみるとよくわかるだろう。ネガティブな刷り込みは、自身の無意識に潜んでいるときには、自分では処理できない。そのうえ、悪影響を常に及ぼしてくる恐ろしいものだ。けれど、案外、文字にしてみるとどれもくだらない。

こうやって書き出していくことは、地味な作業だけれどあなたの人生にとても役立つと思う。なぜなら、これが、自分にかけられた呪いを解くための第一歩だから。この作業は、あなたがもっとできるはずだという自信を取り戻すきっかけになるだろう。

ところで、あなたがあまりにも自信を取り戻しすぎて、困る男がいたとしたら？

そんな男は言葉でうまく丸め込んで思う存分調子に乗らせ、馬車馬のように働いて出世してもらい、おいしい汁をすすってあげればいいのです。そうすれば、嬉々としてあなたのためにたっぷりと稼ぎ、身も心も捧げてくれるでしょうから。

2章
敵と味方とルールを再検証する

あえて一般職を選んだ女子大生

自分の意思でキャリアから離脱した女性は、本当に選択したのか?

中野　そもそもこの本を手に取っている時点で読者のみなさんはもうわかっていると思いますけど、私もスーさんも、日本で暮らす平均的な女性の代弁者として適切かというと、だいぶ違うよね。

スー　まったく違いますね。女に生まれたせいでなんらかの不利益を被り、傷も負ってきたけれども、環境に恵まれ、自分なりの工夫もあって乗り切ってきた一例。

中野　傷を負ってきて、その中でも頑張ってしたたかさを相応に身につけてきた、みたいな部分はあるのだけど。男性や社会への恨みつらみだけを糧として生きるには、あまりにも人生は長い。それだけだとどうしてももったいない。

それなのに、世間でちょびっとだけ目立っている女性を捕まえて、「やっぱり女は得だね!」と思い込まされている人がどれだけ多いことか。でも実際はまったく得なんかしていないよね。

スー　ほんとだよ。そうそう、こないだ友達から聞いた話なんだけど。とある有名私立大学をもうすぐ卒業する女子大生がいるんだって。彼女は地方のお金持ちの家の娘さんで、某大手IT企業に内定が決まったと。コネじゃなくて実力で。しかし、彼女が選んだのは一般職。総合職ではなく、あえて一般職。「私はもう前の時代の女性たちのように は働きたくない」からって。サミシー!

中野 最近、若い世代でそういう女性が増えているという話はよく聞くね。

スー 本人は「自分の意思で選んだ」と思ってる。つまり選択的にキャリアから離脱したと。その後、内定式に行った彼女は衝撃を受けたんだって。なぜなら一般職で入る同期の女の子たちが、みんなすごく美人でスタイルがよかったから。それまではリベラルで平和なキャンパスにいて容姿の優劣なんてさほど気にせず楽しくやっていたのに、全然違うフィールドにきてしまったと気づいた。

そこから彼女がどうしたかというと、トレーニングジムに通い始めたんですよ。そこで私の友達と出会ったんだけど。「入社までになんとかスタイルを整えたい」って必死なんだって。就職先で恋人を見つけて、その男と結婚して東京に残るのが、彼女が考える「勝ち組」の姿だから。でもさ、同期の女性社員を婚活ライバルとしてしか見られないのも悲しいし、本当は選択的にキャリアから離脱したんじゃなくて、社会から吐き出されちゃってるだけだってことに気づけないのもつらい。一般職でも総合職でも好きなほうでいいよ。だけど、彼女が一般職を選んだのは仕事内容からじゃなくて、高値で競り落とされるためじゃん。がむしゃらに働かなくてもいいけど、率先してモノにならん

バブル世代の親の価値観を疑ってみる

でもよかろうに。

男の助手席ポジションが有利な時代はいつだった？

中野　その彼女が持っている価値観は、おそらく高い確率で彼女の親世代の価値観よね。今の20歳前後の子どもの親御さんだから、多分バブル世代ぐらいでしょう？　あの世代は、男に乗っかることができた女が、シンプルに金銭的な軸だけでみれば、一番得をした世代でもある。その親の成功体験・思考がそのまま、娘である彼女の常識のベースになっているんでしょうね。

最近、バブル世代の人と話していてすごくびっくりしたんだけど、「土地を買え」ってしきりに勧めてくるんですよ。もうそんな時代はとっくに終わっているのに。土地を買って得した時代から何十年経過していると思っているんだろう。オリンピックが終わったら値崩れするだろうし、すごい人口減で空き家率もかなり高いのに。土地を買えば安泰、っていうのと男に乗っかれば安心、っていうのはちょっと似てる。

スー　男の助手席ポジションが有利なのは、景気がいいときだけなんだよね。景気が悪くなったら、女は真っ先にシステムの外へ追い出される。彼女がジム通いを続けて理想のスタイルに近づいたら人生もうまくいく……わけないでしょう。掘っても掘っても闇の中。せっかく有名私立大学まで行ったのに。

中野　その女子大生も、親世代の常識を素直に受け取ってしまう「いい子」なのかもね。その競争が不毛だっていうことを、計算できていない彼女が悪い——新自由主義（ネオリベラリズム）風に言う人からは、そうやって自己責任論に帰されてしまうだろうけど……。今の彼女は、自分が還元率がさほど高くないポイントを目先の数字につられて貯めさせられている現状を自覚できていないという状態かもしれない。「美人なら得」「若く見えれば得」「男に愛されれば得」、そういった得だけを狙って細かく稼ごうとしている。でもそんなポイント稼ぎに終始するよりも、自分でがつんと稼いだほうが確実だしリスクマネジメントもしやすい。そのことに早く気づいてほしい。「たくさんモテて男に選ばれる女が得」というクーポンは、今もこの先も総合的に見ればたいして得なんかないんじゃないかな。

スー　理屈がわかれば、目指す先も変わるはずなんだけどね。

中野　最近、20代前半の女性にも結婚願望が高まっているって聞くのだけど、あれもやっぱり「男に乗っかって生きていきましょう」という戦略の表れなのかな。

スー　男に乗っかるというより、選択的離脱って意識なんじゃないかな。それって男の稼ぎに乗っかるってことでもあるんだけどさ。『ハウスワイフ2・0』（エミリー・マッ

「女に賞味期限はある」は食う側の価値観

チャー著／文藝春秋）面白かったよ。不況が長引くアメリカで20〜30代の高学歴女性に主婦回帰の流れが起きているのは本当かを検証する本。「私たちは選択的に労働市場から撤退します」って家に入った若い女性がアメリカにもたくさんいるんですよ。彼女たちは「もうバリキャリみたいに働きたくない、ホームメイキング（家庭作り）が幸せ」と言ってるけど、本当はそうじゃない。景気が悪くなると、女性は労働市場から締め出されがちになるってだけのこと。そういう話がすごくトリッキーな構成で書かれてるよ。

女を焦らせているのは誰？

中野　そもそも若い女性たちがなぜ今、結婚を焦っているかというと、「女には賞味期限がある」みたいな根強い社会通念のせいなのかな？　そう無防備に言ってしまう人たちが世間には結構いるけど、「賞味期限」とかそもそも、一人の人間に対して言うのがおかしいでしょう。失礼よね。

つまり女を「食べる」ものだと思っている男の人たちが、賞味期限って言っているわけよね。でも私たち、別に「食べられるもの」ではないからね。

スー　「賞味期限などない。なぜなら、女は食べ物ではないから」。パンチライン出ました。女は捕食される動物ではない。

中野　そうだよ。あとついでに、空気は「読む」ものじゃなくて、呼吸するためのものだから。空気なんて本当は読まなくても生きていけますからね。

スー　独身か既婚か、子持ちか子なしか、おばさんか若い女か……。女ってそんな風に対立させられがちだよね。率先して自分たちが対立してると思ったら大間違いだよ。意見の相違はそれぞれあるだろうけど、変な境界線を引かれて勝手に価値を決められるから、対立するんだよ。そういう線引きをする人は女の中にも、男の中にもいる。男同士がケンカしている図より、女同士がケンカしている図のほうが痴話ゲンカ扱いされる。

中野　オバマとトランプがケンカしている光景より、サラ・ペイリンとヒラリー・クリントンがケンカしているほうがエンタメとして面白い、みたいな感じかね。

スー　たとえ政策の議論をしていても、感情的なケンカみたいに演出される。そして「女の敵はやっぱり女」と世間が言う。でもさ、「女の敵は女」は本当にもうアホのもの言いだからやめたほうがいいよ。

　たとえば男同士の意見が対立して、どちらかが相手を失脚させたとしても「やっぱり男の敵は男だよな」なんて言う人いないよね。女同士のときだけだよ、「怖い、怖い」とかさ。その裏には、女は優しい、女の気持ちはひとつ、利益もひとつ、女は常に一枚岩である、という思い込みがあるんだよね。その前提がまず違ってるから。女というだけで、一枚岩にはなれないです。それが当然。

中野　女性タレントなんかでも、別に本人たちは敵視し合ってないのに、世間からは敵同士にさせられているのかな、という構図をよく見かけるよね。あれも、そのほうが面白いからというだけなんでしょうね。立ち位置は似ているかもしれないけど、売り方が違うし、得意とするところも方向性も違ったりするのに。でも「二人は争っている！」みたいに煽るほうが、エンタメとして求められていて、しかも、世間は喜ぶんですよね。かつての松田聖子さんと中森明菜さんみたいな感じですかね？　仲が悪い風に演出しておいたほうが面白い、と誰かが思っている。女がやり合ったほうがなんだか見栄えがするぞ、っていう理由だけで。

スー　劣情をそそるんでしょうね。自分たちより一段下の存在である女同士が争っている光景はエンタメになるんでしょう。

中野　そうそう。だからいつの時代もそういう構図はありがちになるね。周りが煽りすぎているだけという理由が一番大きいと私は思うけど。

スー　若い頃とはいえ、過去に私も女の敵は女と思っていた時期が少なからずあったのが恥ずかしいよ。

女の敵は女ではない？

スー　女の敵は女ではない。と同時に、女の味方が常に女というわけでもない。当たり前だけど、そもそも敵味方と性別って本来は関係ないもの。

中野　「女同士だからこそわかり合える」という考え方も、なんというかすごくざっくりしてますよね。「男同士」というだけでわかり合えるなら、「じゃあお前は金正恩委員長とわかり合えるんだな。トランプ大統領でも失敗してたのに」って思いますけど（笑）。

スー　男は競ったり、対立したり、反目したりするのが自然だと思われてるんでしょうね、いまだに。逆に女は対立や競争が不自然だと思われている。だから、女同士のドロドロした戦いみたいなのが娯楽コンテンツになるんだよ。女同士が嫌い合うことだって自然なのにね。「あの人とは仲悪いけど、それが何ですか？」ってだけの話でしょう。性別関係なく、他人とは意見や価値観が異なることもある。中野さんと私だって、完全に意見が一致しているわけじゃないしね。

中野　そうそう。それなのに、外からはすぐに「女は」というかたまりで見られがちだよね。まあ、「外集団バイアス」なんだけどね。自分と違う人たちは全部同じに見えるというバイアス。

「女同士はわかり合える」という一枚岩幻想

スー　女もときにそうなっちゃうんだよね。男をひとかたまりに見てしまうとか。あと、女自身が、「女は一枚岩である」「女という塊だ」と自認してしまうと、そうじゃなかったときに大きく傷つくからやめといたほうがいいよ。

もちろん、「女」という共通点だけである程度の連帯が持てる事案もある。でも、淡い共感だけで全方位に共闘するのは難しい。女という集団の中で、機会や夢、チャレンジなんかに対する現実的なリーチ（届く範囲）がかなり異なるから。家庭環境や文化資産、生まれた場所の違いで女の間にもどんどん格差が生まれてる。この現状を踏まえつつ、どうしたら無駄な対立をせずに協力し合えるかが課題。

中野　まずは、意見が異なる、利益が対立する。たったそれだけの理由で、誰かを簡単に敵認定しないほうがいいですよね。ＳＮＳではそういう振る舞いをする人をたくさん見ますが、そういうスタンスはいまいち格好よくはないし、無駄も多い気がします。単純に、違うよね、だけでいいよね。

スー　「女は一枚岩じゃない。でも、それでいい」という認識が広まるのは、多様性のある社会を目指すのに必須。ただし、注意も必要。「みんな違ってみんないい」の結果が、女という階層の下の裾野だけが広がっていく可能性もあるわけだから。上に広げていかないと。女と女の意見は常に一致しなくてもいいし、女同士で仲が悪くてもいい。

利益や政治信条が対立することだってあって当たり前。女の敵は女じゃないし、常に味方ってわけでもない。それでいい。だけど、気をつけていないと十把一絡げにされてズルッと引きずりおろされる。具体的な解決策が今の私には出せないけど、利益が一致する部分ではちゃんと手を取り合えればいいんじゃないかな。

中野 ヒラリー・クリントンはすごい人だと思う。でも、だからといって、彼女の政策を支持するかっていうのはまったく違う話ですからね。

名誉男性なんてどこにも存在しない?

スー 保守系の女性政治家に美人風情が多いのって、あの界隈では「男ウケする女」のほうがコスパがいいからなのかな。

中野 おじさんたちのアイドルになったほうが、物事を円滑に進められる可能性は高い、ということなんでしょうね。そこをわかって自覚的にそうしている女性の政治家も存在すると思う。裏を返すと、どんなタイプの女性が多く働いているかを見れば、その国や社会が女性をモノとして見ているかどうかが判別できるということになるね。

一方で、そういった女性たちを一段低く見て、アンチ男性主義とでもいった方向に走る過激な女性もいますよね。両者が互いを敵視しやすいのは、相手が持っているものが、

名誉男性は男社会の広報

自分が切り捨てたものだからではないかな。相手の路線を認めてしまうと自分がそれまで築いてきた価値観が崩れてしまう、という潜在的な不安があるのでは。アイデンティティが全否定されるような恐怖。だからこそ認めるわけにはいかない、というつらさがそれぞれにある。

スー　わかる。私にもあるわ。それぞれが、異なる「女性はこうあるべきだ」のものさしで相手を測って、そこからはみ出た人たちを否定する。そうすると、結局はミソジニー（女性嫌悪、女性蔑視）に行き着いちゃうんじゃないの？

中野　「女の敵は女」じゃなくて、「自分の敵は自分」よね。私の中にも、名誉男性（男性的価値感を身につけた女性）と呼ばれる女性たちをどこか冷めた目で見ちゃうというのはありますよ。でも実は自分の中にもかつて「男性になりたい」という気持ちがあった。だからこそ、彼女たちの心理がとてもよくわかる気がするんだな。

スー　中野さんも名誉男性になりたかった時期があったんだ。

中野　ありましたよ。「自分は女だけれども、このまま勉強を頑張れば男と対等になれるんじゃないか」「東京大学に入って社会的証明を得れば男性のように扱ってもらえるんじゃないか」というね。でも実際はそうじゃないことを思い知らされた。勘違いだったと気づいたのは、東大に入ってからなんです。「あ、名誉男性なんて架空の存在なんだ」って。

スー　名誉男性って、「二級市民（格下に扱われる市民）」だった女性の枠から、ちょっとだけランクが上がって1・5級市民になるだけだよね。周囲の誰も、彼女たちを自分たちとは同等の人間として見ていないんだもん。

中野　むしろ、悪い意味で特別視されてしまう傾向にありますよね。男の人たちからはものすごく奇異な存在、あるいは人格を認められないマスコットとして見られ、女の人たちからは「能力的にはすごい人みたいだけど、なんだかね」といった調子で受け入れられない。ざわざわ感をもたらすだけの存在。

ちなみに二級市民といえば、東大ってインカレサークルが結構あるんですよ。その中には東大男子と他大学の女子学生のみで基本的に構成されるサークル、つまり東大女子が実質入れないサークルがある。入ることができるサークルでも、飲み会の支払いは「東大男子5000円、女子は1000円、東大女子は3000円ね」みたいな価格設定になるんです。なぜならそこは東大男子のための恋人・花嫁探しサークルだから。そこでは東大女子は女子とはみなされないのね。けれども、東大男子よりは安く、他大の女子よりは高く設定される。あれもまた二級市民的扱いといえるね。

スー　ひっどい話だなぁ。名誉男性って基本的に男社会の広報なんですよね。「悪意の

女が女に厳し過ぎる評価を下すとき

ある男性ばかりじゃありませんよ」「私は女ですが、この男性主導のコミュニティに平和的に属していますよ」と伝えるための。社長の判が押された文章しか読めない。そこから自分で意思決定ができるポジションまで登って行けるか、難しいところだと思う。そのスタイルのままだと、最終的に行き止まるよね。やっぱり得にはならない。

「女が嫌いな女」ランキングがなぜ企画になる？

中野　名誉男性とはちょっと違いますが、「女が女に向ける必要以上に厳しい視線」というものは確かにあると思いますね。以前に、女性のギャラリスト（美術商）が、女性のアーティストに対して、「それはちょっとどうなの？」と思うくらい厳しい評価を下す場面に遭遇したことがあるんです。

スー　それは、外部の男性から、「女は女に甘いよね」と言われることを恐れてではなく？

中野　そこまで意識的な振る舞いというわけでもなかったんですね。もっとプリミティブ（根源的）な感じで、女として女である彼女を嫌っていた印象だった……。考え過ぎかな？　そのギャラリストの女性から、「私のほうができるはずなのに、何ちやほやされてるの」みたいなネガティブな感情がにじみ出ているのを、スルーするのにちょっと疲れた。それを周囲に気取られないように平静を装いながら、裏ではこっそりと女性アーティストに低い評価をつける。あの行為の本質は何だったのだろう、と今でも思い返してしまうよ。

スー　女が他の女を「女のくせに」と見下したり、「同じ女なのにあっちのほうが優遇されている」と憤慨するやつかもね。女が自ら女という存在の価値を下げ、女ならすべて同じはずと一括りにしちゃうから起こる問題だ。嫉妬だよね。それやると「女の敵は女だよね」が出てくるからやめてほしいわー。女と女が対立することもある現実、相手が女というだけで足を引っ張ろうとする女もいる不都合な真実、さまざまな女が共闘しなくちゃいけない問題がある事実、すべて女にとってのハードルだけど、いずれも全然別の話だから。「女ってさぁー」じゃなくて、ひとつずつ個別に向き合っていかないと。

中野　そうなんだよね。ひとつのハードルにぶつかると、そこで思考停止してしまう人が今は多いのかなという印象はあるよね。性別問わず。

スー　男同士で仲が悪いとか、嫉妬から男に意地悪する男とか、世の中にはいっぱいいるのにね。「女が嫌いな女」ランキング的な企画はテレビや雑誌でもたくさん見るけど、「男が嫌いな男ランキング」はそれに比べると圧倒的に数が少ない。男もやってみればいいのに。娯楽コンテンツとして華がないのかしら。

個体として弱くなる時期をどう乗り切るか

中野　自分たちのコンプレックスが浮かび上がる生々しい結果になるのが嫌なんでしょうね。ところで、「男に好かれない男」の最近の傾向として、きれいめの男性っていうのがあるよね。「俺には星野源のよさがさっぱりわからない」「綾野剛のどこがいいんだよ」とかいう男の人の意見をしばしば聞くような……。まあ、端的に言って妬みなんですけどお二人とも圧倒的人気があるし、不思議とああいうタイプの芸能人の男性は、男性陣からは好かれにくいようなんですよね。一方で、マッチョな男や、むさい感じの男は、同性からはさほど嫌われることがないようでもある。

スー　マッチョは怒らせると怖そうだし、男らしさの否定とみなされるから表立って嫌われないのかもね。一方で、中性的な要素、つまり男性性の中の女性性はハッキリ「嫌」と口に出されがち。「男のスキンケアなんて気持ち悪い」とかさ。口に出すことで自分の男らしさの確認にもなるしね。

仕事ができない女の課長はなぜいない？

中野　友達がいた研究室の話なんだけど、ポスドク（博士研究員）の女性が、出産した翌日に研究室にきたことがあったんだって。そのときの女性陣の反応はすごかったって。「なんで出産の翌日にわざわざくるの？」って女性たちみんなからブーイングの嵐という。彼女がそんな前例を作ってしまったら、後輩の女性たちだってこの先、出産の翌日でもくるのが普通だと思われてしまいかねないでしょう。

スー うわあ、それは困るね。「すみません！ うっかりきちゃった私が外れ値なんです！ もうここにこないと私の精神状態壊れちゃうんで、ほんっとごめんなさい!!」くらいのパフォーマンスをしてほしいところだな。涼しい顔してキリッとこられちゃうと、「おいおい待ってよ！」って思っちゃうよね。

中野 ブラック研究室の始まりですよ。

スー 彼女がなぜ出産翌日に研究室にくるなんてことをしたのかを考えてみると、組織で働く女には「身体的特徴として仕事ができない期間がある」ことがまだ許されていないという背景もあるのかもしれない。男性にはそれがないからね。それとはまた別の話だけど、一般的な会社でも仕事ができない女の管理職って存在が許されないんだよな。

中野 確かにそれはあったかも。仕事ができない男の課長はいても、仕事ができない女の課長はいないからね。「仕事も家庭も完璧です」的な女性像なんて、「男性優位社会」が押しつける幻想なのに。

スー 子育てもばっちりこなして、家もきれいで、もちろん仕事もできます、なんてほとんどの人には無理でしょう。

中野　そもそも仕事のできる、できないと私生活のマネジメントってほぼ関係のないものだよね。仕事の場では仕事だけできていればいいわけでしょう、本質的には。

ただ、私生活の事柄は、周囲から揚げ足を取られる要因にはなってしまうんだよね。「仕事が完璧だから、彼女は結婚しない／子どもを産まないんだろう」と陰で言われたり、「仕事はできるけど男まわりがだらしないらしい」って批判されたり。本来ならそういった事柄は業務とは関係がないはずなのに。私生活、プライベートと仕事は、まったくの別物なの。にもかかわらず、批難する人がいる。そしてついつい攻め込まれるとそこを防御しようという心理が働いてしまう。無駄ですね。

スー　それこそ男だったら、「あの人、私生活はだらしなくて奥さんに全部任せっきりらしいよ」って言われても、「でも仕事はできるよね」みたいなことでまるっとリカバーできてたからね、今までは。女もそろそろ「仕事はできるらしいけど、女としての人生はどうなの？」と追い打ちをかけられるの終わりにしてほしいわ。

中野　「で、それが？」と開き直れる術を、女はもっと身につけたほうがいいのかもしれない。「気が強い」ってネガティブな意味で言われがちだけど、そういった気の強さやふてぶてしさを身につけるほうが人生においてはかなり有効な戦略になり得る。少なくとも、美人を搾取され続けられることよりはずっと価値的だと思う。

女性が自信を持てないのは社会のせい?

スー なぜ多くの女性が自分に自信を持てないのかを考えると、「自信満々じゃないほうが女らしくてかわいい」と刷り込まれてきたのもひとつの理由だと思う。自信がなくておどおどしている女のほうが、「かわいげがある」「謙虚で控えめ」と褒められて、高得点がつけられてきた。そういう意味では本人のせいだけではない。じゃあ誰のせいかっていうと、「社会」とか「世間」とか、個別の顔が見えない存在なんだけど。

中野 「瓶の蓋が開かな〜い」って男に頼るとかね。まあ、似たようなことをやったことは、ないこともないのだけれど……。「この問題が解けないから教えて」って興味のある男性に近づいてみたりとか。あれをやると男性ってすごく嬉しそうになるよね。本当は私も解ける問題だったりするんだけど(笑)。

スー 頼りがいのある男でいたがる男性の社会圧を利用して、好きな男の前でわざと愚かに振る舞った経験は私にもあるよ。注意を引いたり愛情を獲得するためにね。ただ、そのルールは変わりつつある。変わったってことを、逐一自分に教え込んでいかないと忘れちゃうけどね。

じゃあすべての女が頭脳明晰で自信満々でなきゃいけないのかっていうと、そうでも

「控えめな女」に高得点はもうつかない！

ない。仕事で言えば、できない人のパフォーマンスに結果が大きく左右されないのが本来の会社のあり方だと思うんですよ。ある程度の人数がいる会社ならね。社長や役員は無理でも、課長や係長クラスにだったら多少仕事ができない人がいてもいい。というか、現にいるでしょ。

その理屈で言うと、今後は「仕事ができない女性管理職」が爆誕していいんですよ。「できる女」幻想みたいなのが激しいじゃないですか。役職に就くならとにかく優秀じゃないと、って。そういうこと言ってるから誰もなりたがらないんだよ。仕事ができない男性管理職なんてゴマンといるのに。女の管理職をどんどん増やして、私たちの目を慣れさせていかなきゃ。できるのも、できないのもいるって。誰もが「できる」って自信を持つんじゃなくて「これでいい」「これでもやっていい」という自信が必要なのかもしれない。

女性って会社組織だとそこまで期待されてないじゃないですか？　少なくとも男性ほどには期待されていない。それって裏を返すと、「キャリアを積み続け、自らの意思とは裏腹にトップを取らなきゃいけない」とか、「一貫して統率力を持ち続けなければならない」っていう、男性が背負っている過剰な期待からはまだ自由でいられるということ。そこの構造を、なんとか女性たちに有利に活かす方法、最大限に利用するライフハック（仕事術）を探したい。そのほうが生きやすいって男性も必ずいるだろうし。

中野　「楽して生きる」ならね。

スー　私はクォーター制（議員や会社役員などの女性の割合をあらかじめ一定数に定めて、積極的に起用する制度）の導入には大賛成。今の「優秀な女性は私生活を犠牲にして昇進」ってやり方のままでは、下の世代が続かないよ。「私はあんなに優秀じゃないから無理」とか「仕事以外の人生も大事にしたい」と逃げ腰になっちゃう。

クォーター制を採用すれば、ずば抜けて優秀ではない女性にも役職に就く機会が訪れる。そしたらね、目が慣れるはずなんです。絶対に。これ、個人の体感として強くあるんだけど、すべては慣れだから！　ちょっと前までは女性の宅配業者を見掛けたら、「大丈夫？　無理してない？　頑張ってくださいね」って心配しながら接してたけど、今は力仕事してる女性も増えて、すっかり目が慣れて「じゃ、よろしくお願いしまーす」って感じになった。男性に置き換えても同じですよ。10年前にスーパーでレジ打ちしているおじさんを見たら、「リストラされたのかな……ちょっとかわいそうだな」って感じてたけど、今は普通の光景になりつつある。東京ではね。だから道徳でも倫理でも理性でもなくて、単純に目の慣れなんですよ。

中野　今のスーさんの話に抵抗感を覚えた女の人は、自分の中の常識や価値観がどこか

「個」であることが命取りな時代がきている

らきているものなのか、という視点を持つことをすすめたい。

スー　「戦略とか打算的なことは、私はちょっと苦手……」とうっすらとでも感じる人は、「女らしさ」という呪縛が自分の中にある可能性を疑ったほうがいいかもよ。その違和感や嫌悪感は、女らしさの規範に添わないときに湧き上がるものだから。

「自分は得する側にいる」は大間違い？

スー　生物学的に有意な性差、つまり男女差はある。でも、その「差」を理由にして機会を不平等にするのは、なし。そして性差と同じように個体差もある。これは同時に両立する話。「私たちはそれぞれ性差と個体差の掛け合わせで個性が決まる」なら言える。私はそういう理解。

中野　最近は多くの学者が「それはヘイトでしょ」と批判されることを避けるためか、「性差よりも個体差のほうが大きい」と主張する傾向にありますね。確かに、性差自体よりも個体差のほうが幅は広いんです。いわゆる女性脳・男性脳みたいな内容は、ポピュラーサイエンスの範疇でならまあ、見なかったことにしましょう、といったていで使ってもある程度の幅で寛容に受け止められるようだけれども、ガチの科学ではちょっとね、という。

一方で個体差があるという事実に乗っかって「じゃあ有利な人がどんどん勝てばいい」という新自由主義の流れが、日本では多分ここ15年ぐらいで起きてきていますよね。負け組は自己責任、生まれ持った資質が劣っているなら諦めろ、格差社会万歳、って。まさに新自由主義の陥穽（かんせい）よね。「持てる者はますます富み、持たざる者は搾取される」というのが新自由主義の基本構造だから。

この状況下で、「自分は得する側に回る」となぜか無条件に信じている人たちが結構多いように感じられるのだけど、すごく不思議。だって小泉純一郎の構造改革で日本がどうなったか、覚えていますよね？

スー　昔、郵政民営化についての意見が対立して、当時つき合っていた男とモメたことがあるよ。「既得権益なんかあるのは駄目だよ。自由競争ができる社会になったほうがいいんだ」って言われて「なんでも自由競争になったら致命的に困る人が出てくるでしょうが！」って私がキレる程度の言い合いだったから、今考えるとバカみたいだけど。

中野　あそこで日本の構造がガラッと変わって、それまでは「普通」だったほとんどの人が負け組側になってしまった。

それなのに「いや、でも俺が本気出せば勝てるはず」と不思議にも多くの人が信じ込んでいる。あなたが努力していないのではなく構造の問題が変わったせいで、あなたが割を食わされているんだよ、と言いたい。もちろんそれまでの時代がすべてよかったとは言いません。ただ、少なくとも今のように一握りの勝ち組がすべてを持っていく日本ではなかったのではないかな。

スー　それぞれが個の資産、つまりお金や能力や機会や環境を武器に戦って、勝つも負けるも運の良し悪しも自己責任。これが続くと格差が固定されちゃうよね。負け続ける人と勝ち続ける人に。

2年前に国際女性デーの取材を受けたのね。そのとき「女性同士でも意見は違って当たり前。個たれ！」と言った。自分を「女性」という枠だけでくくらないで、常に個人であってほしいって。今でもそう思っているけど、今なら「個であることと、すべてを自己責任で賄うことは別」と注意書きを入れてもらうかな。個であることが命取りになってきた側面もあるから。

中野　日本のシングルマザーの貧困率の高さは驚くべきものです。北欧だったら税は高いけど、そういった人たちの痛みを社会全体で肩代わりする仕組みがある。けれど、下手に新自由主義になってしまった日本では、自己責任の名の下でただただ放り出されてしまう。宗教ネットワーク等によるセーフティネットもない。強者はより強く、弱者が割を食うのが現状です。

ヒラリーがトランプに負けた本当の理由とは？

スー　そんな新自由主義のツケを払わされているのがなぜかフェミニズムなんだよな。今までの「ガラスの天井」って、男性と女性の間に線が引かれていましたよね（左図参照）。どこにいても、女性である限りどこかのタイミングで必ず頭打ちになってた。同じフィールドでは必ず上に男性がいる状態。やがて男女平等が少しずつ叶えられてきたところに新自由主義がやってきた。すると、男女の間に引かれた線の他に「戦える武器を持つ者」「持たない者」という線引きが生まれた。権力を持つ者とそうでない者を分ける線だね。これが新しい天井。この線の方が強く作用する場面が増えてきたんだよね。

そうなると、男女を分ける線では女性より上にいたⒷの三角形の男性よりも上位に存在する女が現れる。Ⓐの部分の女性たちのことね。持ってる武力が強ければ、一部の男より上に立てる時代にはなったんですよ。でも、彼女たちが活躍できるのは男女平等が叶って、ガラスの天井がきれいサッパリなくなったからじゃないと思うんだよね。その天井は根強く残ってる。ただ、そこに新しい天井が加わった。その結果、男性より権力のある女性が「男の持ち場」とされていたところにも増えてきたってわけ。

すんごい雑に言うと、男よりお金持ちのお嬢様は昔からゴロゴロいたけれど、その子

男と女の天井問題

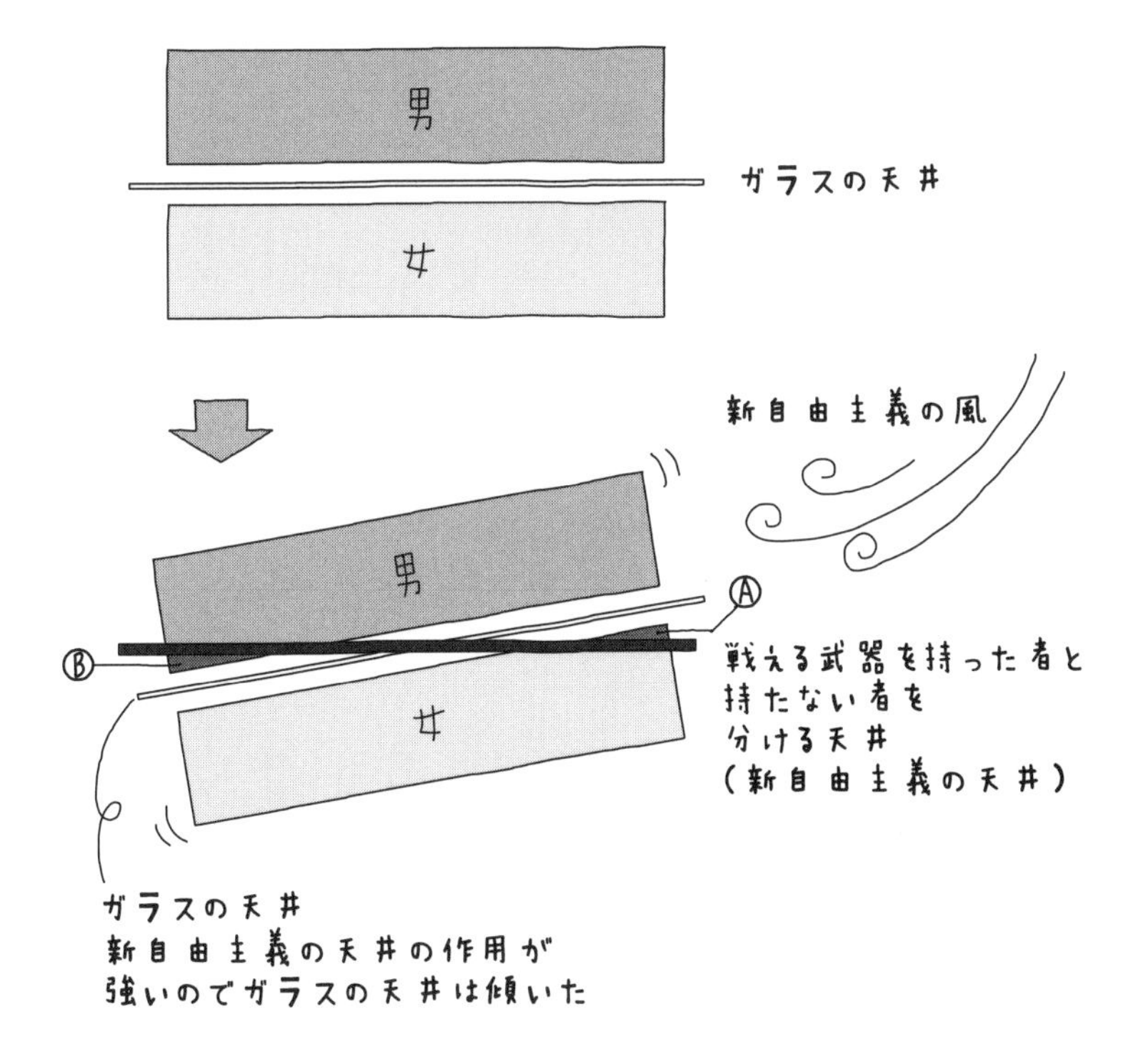

生まれ育った家庭環境や能力の差によって
台頭できる女性の割合がわずかに増加した反面、
それらを持たない一部の男性にとっては、
”男”というだけでは優位に立てない時代になった。

が男の出世の競争相手になることはなかったじゃん。でも、今は違う。そうすると、新しい天井より下にいる男たちのうち、既に男女平等は叶えられていると信じている人の目には「女が男の椅子を奪いにきた」ように見えてしまう。そうじゃないんだよ。昔より男女のガラスの天井は薄くなったから、自力でブチ破れる人も出てきたというだけ。ただしブチ破れるのは「戦える武器を持っていれば」なんだよね。

じゃあ誰が戦える武器を持っているかっていうと、男女問わずそもそも恵まれた環境で育っている人が多い。多いというより、そういう人のほうが有利。もちろん本人の努力もあるけど、恵まれているからこそ獲得できた武器というのがあるから。武器があれば勝てるのはいいことのようにも思えるけど、武器を手に入れるにはバックグラウンドが必須となると、そうじゃない人にとってはたまったもんじゃないよね。機会の不平等がえらいことになる。そういう問題を内包しながらも、男女を分けるガラスの天井が薄くなったからこその成果でもあって、女性の社会進出という点では喜ばしいこと。

だから、筋としては新しい天井より下にいる人が叩くのは「越権してきたように見える女」じゃなくて、新しい天井を導入した人たち。もしくは昔からそこにいる男たち。だけど、それが見えない人には女だけが邪魔に見える。だから、頭角を現した女がバコバコに叩かれちゃう。同じ場所に男もいるよ？　なんでそっちを叩かないの？　と。

新自由主義の流れでカオス社会が爆誕

アメリカの大統領選挙でヒラリーがトランプに負けたのは、そういう要因もあると私は思う。彼女の敗因は、女で、白人で、ウォール街と親しい新自由主義者と見られたことにもあるんじゃないかな。でも、それってヒラリー個人が支払うべきツケではないと私は思うけれど。白人でウォール街と親しい男たちはそのままそこにいるのに。

日本では一部の保守的な人たちが、「男は働き、女は家を守るのが本来の姿。女性は家庭に戻るべき」と言うじゃないですか。つまり、無賃のケア労働で家庭を支えろと。終身雇用制があって年金をたんまりもらえた時代はそれが成り立ったけど、今やその役割分担は無茶だって。女が家に戻っても終身雇用や潤沢な年金は戻ってこないでしょ。そのツケを女が支払う謂われはないよ。他人のツケばっかり支払わされる。

中野　本当そうだよね。女の上位層にあたるこのⒶの面積だって、超小さいですからね。男が9割以上あって、女は本当にちょびっとしか占めていない。でも、ちょびっとだからこそ余計目立つんだよね。

スー　ほんとそれ。「違う違う、敵はこっちじゃないから！　あんたたちの取り分を女が取ったわけじゃないから！」っていくら言っても彼らの耳には入らない。で、これを放置すると、ちょっと前に言った「女という階層の下の裾野だけが広がっていく」現象が起こりかねないわけですよ。男女を分ける線がぼんやり残って、武器を持てる者だけが勝てるようになってしまうと。

じゃあどうすればいいのか。新しい価値観を真っ向から否定して、どこか南の島へでも行って自分たちだけのコミューン（共同体）を作るのか、それともこのフィールドで負けないよう策を巡らせるのか。もちろん唯一の正解なんてない。どう攻略していくかは人それぞれ。正直、機会の均等を誰もが手にできる方法は私もまだわかんない。

中野　正解は提示不可能だよね。子どもを5人産んで遺伝子を残すことが勝利だと思う人もいれば、IPO（新規公開株）で官僚になってお金を稼ぐことが勝利だと言う人もいる。どういうルートでどういうエンディングを目指しても正解でも間違いでもない。

個体差の話に戻すと、確かに個人間で能力の差はあるけれども、それは単純に今の時代にマッチしているかという向き不向き、機能の差によるところが大きい。

スー　ここ10年ぐらいでコミュ力って完全に資産化したよね。昔だったら極端に無口で何も教えてくれない職人にも生きる道はあったけれど、今はそういう職業が激減した。対面だろうがオンラインだろうが、コミュニケーション能力のある人が強い。中野さんの言葉を借りるなら、コミュ力のある人は今の時代にマッチしている。頭がよければどうにかなるってわけでもないのよね。

中野　IQが高いからといって生きやすいわけでも何でもないしね。

「らしさ」は役割と権力が生み出す

スー　説得力ある。

中野　すごくあるでしょう？（笑）生きづらいですよ、むしろ。でもＩＱが高いと「ずるい」とか妬まれるのに、コミュニケーション能力がある人は「コミュ力高くてずるい」とは言われないんだよね。コミュ力は社会から排除されないための能力と言ってもいいかもしれない。いずれにせよ、持っている人が持っていない人のために能力を使えば、もっと円滑な社会は実現可能でしょう。それが真にリベラルで合理的な考え方だと私は思いますね。

スー　フフフ。生きづらそうだけどやっぱ頭いいな。

女が大統領になったら戦争は起きない？

スー　嫌なことに「ＮＯ」を言うこと、不当な扱いを許さないこと。これは大事。と同時に、今持ってる武器でどんな風に戦えるか策を練るのも大事。被害者のポジションに自分たちが置かれ続けていることは非常に腹立たしいし、その構造自体は一日も早く変えていきたい。だけど「私は被害者だからどうにかして」「被害者だからできなくて当然」とさじを投げてしまうのも、私はあまりおすすめしません。

中野　建設的な解決方法にはならないね。他者にフリーライド（ただ乗り）し続けて人生を乗り切るのは、リスクをコントロールしにくいという観点から、戦略としては決して最善とはいえないし、周りの人も疲弊させてしまう。もちろん長期的な人間関係の構築なんて期待できない。寿命が尽きるまでの間、その都度破綻したらコミュニティを変えて逃げ切るのをいいと思うかどうか。

それにフリーライド戦術は、女性よりも男性のほうが弱さを武器にしにくいし、社会的な刷り込みがあったりして他人の助けを求めにくい人が多いのでやりにくいだろうね。自傷によって周囲の関心を引こうとするミュンヒハウゼン症候群は女性に多いという話を1章でしましたが、男性は別の形で表に現れることが多い。同じ生きづらさを抱えていても、出方が性別によって違うね。

スー　アメリカの銃乱射事件の犯人もほとんど男だね。

中野　これが脳の性差のせいなのかどうかはよくわからないんだよね。社会的刷り込みが原因かもしれないし、社会的責任を過剰に背負わされる性だからちょっとかわいそうとも言える。

スー　「女が大統領になったら戦争は起こらないはずだ」って言う人もいるけど……。

中野　古今東西の女の武将とか政治家とか知らないのかしら。承久の乱で鎌倉武士たちを煽って指揮したのは北条政子だけどなあ。

スー　権力を持ったら当然そうするよね。昔ながらの「女らしさ」は弱さとセットなので、立場が強くなったらその特性は薄れますよ。性差と言われている「らしさ」の正体は、役割と権力の差が生むものがほとんど。立場が人の発言や行動を作るよね。他者の庇護下から脱すれば、女らしさと言われるものもどんどん変わっていくでしょうね。

中野　ただ、議論の前提として庇護が受けやすいことは得なのか損なのかをちゃんと議論したほうがいいかもしれない。庇護が受けられることを得だと感じる人は多いでしょうが、その得は一体何の得なのか。誰かのパワーを借りたり経済的な負担を担ってもらえたりすることと、自分の選択を自分で決められるイニシアチブを持つこと。損得の議論は、大まかにいってこの二項対立の議論でしょう。

私自身は、金銭面の部分を自分でまかなうことでイニシアチブを奪われない得を選択しがちとはいえる。それが正解なのかどうかはわからないな。わからないけれども、ジェンダーギャップがどんどん埋まっていく社会の現状を見ると、この選択のほうがおそらく適応（生物学的にある環境下で有利な形質を持っていること）になるだろうと考えてはいます。

ただ、やむを得ない結果ではなく、誰かの庇護下で生きることを自ら選択してきた人たち、周りからヘルプを得る形で生きてきた人たちにしてみれば、男女同権が進んでいったら実は困ることになる。そういう人たちから見れば、私のような存在は苦々しいものであり、新自由主義の権化のように見えるかもしれない。そこにひとつの女性間の対立があるのですが、それはあくまで戦略の違いなんだね。「女の敵は女」という言い方には必ずしも当てはまらない。パラダイムの違いということになる。

今後はおそらく我々のような選択をする人のほうが数が増えていくだろう、とは思うのだけど、ここでバイオロジー（生物学）としての問題が出てくる。というのも、私たちのような選択をする人は、あまり子どもを作らないんです。そうすると、意思決定の傾向に遺伝的要因があると仮定するなら、遺伝子的には誰かの庇護下にいることを望むタイプのほうが数が多くなる。最終的にどちらの数がどう増減していくかは、数世代シミュレーションを同条件で続けていかないとわからないと思う。

一世代でも戦略の転換はあり得る？

スー　確かに、このご時世だとパートナーはいて子どもはいないフォーマットが一番自由度が高く見えるけど、遺伝子は次につながらないよね。

中野　仮に遺伝子ですべて決まるのだとしたら、庇護戦略のほうが増えていくでしょうね。ただ、人間の面白いところは、脳の可塑性が大きいところ。どういうことかというう

自分で決めるほうが気持ちいいし、得

と、自分で考えて自分で決めることを一度学習すると、次もまた自分で決めたいなと思うなどの変化が起こりうる。もちろん、遺伝的に人に従うことが好きな性格の人というのは確かにいる。けれど、そうであっても学習によって「自分で決めるほうが気持ちいいし得だな」と思うタイプに移行するように見えるというのはあり得る。つまり、一世代でも戦略の転換を可能にするのが脳と言ってもいい。

だから、その転換が高頻度で起きれば、我々の戦略を取る人が予想以上に増えるかもしれない。一過性でその集団の個体数が減る可能性はあるけれども、全世界で同時多発的にこういう戦略を取る人が増えていき、かつ生殖のテクノロジーもそれに相応するスピードで発達していくのであれば、もうこの流れは止まらないのではないか。

スー　私たちみたいな人間がガバッと増えて、「このままだとマジ人類やばくない？」みたいな状況までいったら、生殖テクノロジーの倫理や道徳なんて簡単に変わるかも。そうしないと人類が絶滅しちゃうわけだから。

中野　私たち、倫理のために生きているわけではないですからね。生きるために倫理があるのであって。

女同士だからって、何でもわかり合えるわけじゃない

ジェーン・スー

どんな戦略を採用すればいいのか、残念ながら唯一の正解はなさそうです。世の中がどんどん変わっていくのだから、当然と言えば当然。どういう状態が自分を幸せにするのかを考え、時代と自分の置かれた環境の掛け合わせで、その時々の「いい感じ」を変化させていくのが妥当かなと思います。それって、言うは易し、行うは難しですけども。

中野さんは以前、物事を相対化させて考えられる人のほうが楽しめる時代になるだろうと言っていました。物事の相対化、私にはいまいち意味がわかりませんでした。こういうときは逆の言葉を考えるとわかりやすい。「相対」の反対は「絶対」です。つまり、相対的に物事を捉えるとは、絶対的な価値観が揺るがない状態の逆と言えるでしょう。

どんなに環境が変化しようとも、自分が変わろうとも、絶対に揺るがないことがあるとすれば、私にとってそれは、「いつかは死ぬ」と「幸せな状態にあるほうが心は穏やかでいられる」の2点です。ならば、死ぬまでの間は環境の変化に伴って「私の幸せ」を相対化させていけばいい。「これさえあれば絶対に幸せ」ではなく、幸せな状態を導く手段を変化させていくのです。加えて、傍から見たら不幸せでも、私にとっては幸せな状態というものが存在するのも忘れないようにします。逆も真なりです。

ちょっと抽象的になってしまったので、卑近な例を挙げてみます。休日は休むためにありますが、疲労困憊なら一日中寝ていることが幸せの行使になりますし、体力は残っていても精神的なストレスが強ければ、バッティングセンターに行ったり友達と喋りまくったりするのが幸せの行使になります。雨だったら読書かもしれないし、晴れていたら散歩かもしれません。傍から見ると「せっかくの休みなのにもったいない」と思われることでも、私にとっては必要だったりするのです。つまり、あなたも私も幸せになりたいけれど、幸せの形や幸せにたどり着く方法はその日の状態によって異なるし、人それぞれでもあるということ。

このように、日常的なことであれば、私は柔軟に自分を幸せな状態へと導くことができます。しかし、人生単位となると難しい。何かそこに「これさえあれば幸せになれる」があるような気がしてしまい、ふとしたときに絶対的な価値観に囚われている自分に気づきます。

「女の敵は女」も、前時代的な根拠のない絶対的価値観でした。女に生まれたら自動的に付帯されるスティグマ（負の印）のようなもので、常に仲よくしていないと低レベルの人間だと思わされるシステム。しかし、幸せを感じ心が穏やかになる手段は千差万別で、私が信じるもの以外で幸せを手に入れる人もいます。当然、利害が対立することもある。そこにいちいち目くじらを立てなくてもいいとわかってからは、気が楽になりました。

　これからは、女の敵は女が命取りになるかもしれません。本章で述べた通り、目立って社会進出する女性はまだ少数で、ゆえに叩かれやすい。叩かれる女たちを見て「ああはなりたくない」と思ってしまう若い女性が増えると、いつまで経っても女性の地位は向上しないからです。

　と同時に、私を含めた異常に頑張りが利く女がそうでない女を苦々しく思うと、それはそれで新たな「女のあるべき姿」を固定することにもなり、女はいつまで経っても自由になれません。幸せの定義を狭くして女をふたつに分けるような方向にいくと、女の敵は女論が出てきて我々を弱体化させてしまうのです。

　私の周囲にいる男たちに目を向けてみると、利害が一致しなくても教義が異なっても、別に問題はないと考えている人が多いように思います。意見を対立させても足下をすくわれないときはガンガン対立させるし、ここは黙っていたほうが身のためだと思ったら「そういう考えもありますね」と、同意はせず静観する。落としどころが必要なときは妥協するし、どう対応するかは、互いの利益を減じないことが大前提であるように見えます。

この「互いの利益を減じない」がミソで、5年くらい前までの私は自分の信じる義をわかってもらうほうが大事だと思っていた節がありました。大局的に物事が見えていなかったのでしょう。となると私がバカみたいに思えてきますが、これまたシステムのバグなのです。

『ビジネス・ゲーム』（1977年）で著者のベティ・L・ハラガンは「男児は小さい頃から個人の利益より集団の利益を重んじるゲーム（野球やサッカーなど）に親しんでおり、それは協調性を重んじる女児の遊びと大きく異なる」（大意）と記しています。相手に自分を理解させるよりも、互いの利益を減じない方法を採用するのは、彼らのほうが得意なのです。

女にも異を唱えないことをよしとする風潮がありますが、これは全体の利益を重んじる以上に、仲間外れを恐れての抑圧でもある。ちょっと前までは、爪弾きにされたら一人では生きていけなかったのが女でしたから。

この「爪弾きにされる恐怖」が性別に関係なく蔓延しているのが今の時代かもしれません。同調圧力と呼ばれるものです。存在しないはずの唯一の正解がムードで形作られていくさまには恐ろしいものがありますが、ひとまずは女同士が互いの利益を減じないよう、積極的に意見交換をしながら手を取り合えるところは取り合うのが得策かと思います。

3章

恋愛と結婚、私たちの戦略

「自分らしさ」と「女らしさ」の乖離

イケメンを好きな時代はいつで終わった？

スー　1章でもちょっと話しましたけど、私は物心ついたときから体が大きかった。「お前のスカートなんかめくらないよ」と男子に言われて以来、自分が女子としてマス受けが悪いって自覚があったし、傷もずっと残っていた。自分でも興味深いんだけど、中学からは俗に言う格好いい男、つまりみんながすてきと思う異性に興味を抱かなくなったんだよね。タレントでも現実でも。そこに需要はないだろうと思ったんだろうな。だから、イケメンと呼ばれる男たちの顔があんまり覚えられないの。どんだけ昔だよって話だけど、小学生時代のヒガシ（東山紀之）憧れが最後だな。

中野　わかる。東山さんは確かにすてきだけど、異性への興味というより、造形的に見ちゃう。

スー　思春期から先はしゃべりが面白いとか、考え方がユニークな異性を好きになりがちで。自分に「女らしさ」がないから、それに対応する「男らしさ」も不要だったんだと思う。小学生のときは学級委員とかよくやっていたんだけど、無意識ながら立候補するのは副委員長なんだよね。委員長じゃなくて。

中野　女〝だから〟副委員長なんだよね。

スー　そう。自分は女らしくないとわかってるのに、女子だからって一歩引く。無自覚にそれをやってた。でも、サポート業務はできないわけよ。資質がないから。結局私がギャンギャン仕切って、委員長の男子は文句も言わずサポートしてくれるよい環境でした。あるとき、担任の教師が「うちの学級委員は男女が逆なんですよ」と話しているのを聞いたのね。「足を開いているとお嫁に行けないわよ」に続く、理解不能な発言ですわ。委員長も私もお互いの特性を活かしてうまくまわっていたのに、あるべき姿の逆と思われてた。これが「自分らしさ」と「女らしさ」の乖離に気づいた二度目の経験。中野さんも頭がよかったから嫌がる人がいたって言ってたね。

中野　嫌がられたね。私は勉強自体は好きなんですよ。知らないことを知るのは楽しいことだし。でも教科書をそのままトレースするようなことは嫌いだったの。無駄だから。宿題も、「できることをやっても時間の無駄だ」と思ってやらなかったりした。だから先生は嫌だなと思ったと思うし、私も「先生の言うことを聞くと、先生みたいな人生になるんだ」と思っていた。先生が嫌いなわけではないけど、教員という仕事をそんなにやりたいとは思わなかったし。母と祖母も私のそういう部分を多分生理的に嫌っていたと思う。父は単純な人なので、子どもの成績がいいのはいいことだと思っていたようだけど、だからといって私にあんまりコミットしてくるわけでもなく。

自分よりも能力が高い人を好きになるという通過儀礼

友達との関係も、周りの女の子がキャッキャ喜んでするような恋愛の話が、よくわからなかったんです。でもその輪に入らないといけないという同調圧力は感じていたから、自分の中で設定するんですよ。「私は、この人が好きなんだ」と設定を決めて、みんなはどういう気持ちで、どういう振る舞いをしているんだろう、って考えたりとか。

スー　理性をコントロールして感情風に見せるの？

中野　ミミック（真似る）するというか、シミュレートしてみる、みたいな？　でもあくまで設定だから、みんなが何をどう感じているかまでは本当にはわかんないんですよ。小学校はずっとそうだったし、東京の私立中学に行ったら周囲との溝はますますひどくなった。高校はそれよりは楽だったけど。受験クラスとそうじゃないクラスに分けられたから、みんなは誰それとつき合ったとかどうだとか言ってるけど、自分はもうそういうこと考えなくていいんだって。高校時代は周囲は放っておいて、好きなことだけしてました。

初めて恋にときめいたのは30代？

スー　じゃあ、中野さんに初めて好きな人ができたのっていつ？　ドキドキするとか。

中野　30歳とかかな。

スー　じゃあポスドクの終わりくらい？

中野　いや、2回目の院生時代かな。博士のときだね。私、今を含めると3回、大学院に通ってるので。

スー　どんだけ大学院好きなんだよ。で、そのときに初めてときめいたんだ。

中野　うん。「おお！」と思った。「この人は頭のいい人だ」「私が敵わない人が現れた」って初めて思ったんだよね。

スー　自分より優れた能力を持つ人を好きになるっていうあの現象は、一種の通過儀礼だね。

中野　そうそう。でも、その人とおつき合いをして、別れて、満足しました。「頭がいい人が好き」なフェーズはもうそこで終わった。そのステージはクリアしたな、って感じたな。

スー　私の場合、ちゃんと誰かとつき合ったのは留学先のアメリカが最初。20歳くらいかな。アメリカでは生まれて初めて、体のサイズ的に埋没できる喜びを味わったんですよ。私ぐらいの体型の人なんてゴロゴロいる。小さい人もいれば、大きい人もいる。「なんでこんなに埋没できるんだ、この国⁉」ってめちゃくちゃ嬉しくて。
　つたないながらも言いたいことを言える。それに誰も引いたりしない。日本ほどは空気を読む必要もない。できないフリをすると男性の警戒が緩むのはアメリカでも同じなんだけど、できないのレベルが全然違う。そういうこと全部が嬉しかったし、社会に受け入れられている実感を初めて持てたんですね。

高校生のときにも、男の子とつき合っているようなそうでもないような、微妙な関係になったことはあるんですよ。まあ10代にありがちな、1カ月くらいで終わるようなものだったけど。そのときは、なぜかとても息が詰まってしまった。「女の子ならこうあるべき」と自分を縛っていたんだろうな。日本に帰ってきて少しブランクはあったけど、社会人になってからは比較的スムーズに恋人ができるようになりました。

ただ、恋人ができるってことと、その関係性を続けていくってことは、また別の話じゃないですか。私も劣等感の裏返しで、メサイア・コンプレックス（救世主妄想）みたいなのがあるんですよ。彼の理解者は私だけ、と二人の関係をテコに自分の価値を上げようとする。20代から30代にかけてはそういうのに足を取られていたかな。

中野　今の彼とのおつき合いはもう長いんだよね？

スー　7年目。私のコンプレックスをわかってくれる人でありつつ、私にとっては「まったく理解できねえ！」と思うこともある人。

「恋愛と結婚は別」な女にとってのパートナーの存在意義は？

中野 でも結婚と恋愛は別よね。うちは親が離婚をしていることもあるのか、私自身は家庭を持ちたいという気持ちはあまり起きなかったのね。自分が結婚するとも思っていなかった。でも、しちゃったな。

スー 決め手になるような出来事とかあった？

中野 うーん、恋愛と違うとか言っちゃうと旦那ちゃんに悪いんだけど、「この人といたほうがちゃんと生きられる」っていう感じがした。

スー わかる、めちゃくちゃわかる。私は結婚してないけど、その感じはすごくわかる。私にとってパートナーって、真人間でいるための漬物石なんだよね。

中野 それ、それ、それよ。すっごいわかる。まさにその通り。なんて言ったらいいのかな。培養液みたいな感じ？　切り花でいた状態なのに、あれ、私も根っこ生やしていいの？　ここに挿したら、もしかして根っこ生えるのかな？　みたいな感じが私はした。

スー 自分のこと根無し草だと思っていたのに、この人といたら「あら根っこが生えてきた」ってことでしょ？　私はコミュニティに属していたほうが楽しく安心して生きていけるんだけど、そういう意味で一番心地よくフル回転でつき合えるのは女友達。でも、

パートナーはまっとうに生きるための漬物石

フル回転できる価値観の同じ相手とばかり一緒にいると、どうしても偏ってしまう。クローン人間じゃないけど、育ちとか考え方とかが自分と似た人ばかりのコミュニティって、そこに多様性はないんですよ。

ところがパートナーと私は、価値観から何からまるで違う。生まれた場所も育った環境も、趣味も何もかも。だからこそ、偏った集団に居続けて傲慢になった私の考えに一石を投じてくれるときがある。私がイキらないための重しでもある。だから漬物石。別に最初から漬物石を探し求めたわけじゃないんだけどさ。今までつき合ってきた人の中で、こんなにケンカする人もいなかったし。

中野　ケンカもするんだ？

スー　めちゃくちゃ多いよ。ケンカもするしトラブルもある。でも、やっぱり一緒にいたほうがいいよな、って思いをお互い何となくは共有してる。だから、「最終的には戻るという前提でケンカをしよう」って暗黙の了解がある。

中野　結婚すると漬物石ができる、ってわけじゃないんだよね。そうじゃなくて、今のパートナーといることでそうなれた、だから結婚した、っていう順番。結婚相手なら誰でもいいわけじゃない。私にとっては旦那ちゃんじゃないと、それは駄目なんです。

スー　旦那さんとはどこで出会ったの？

中野　えーっと、ざっくり言うと友達の同僚だったんですよ。それで確か、人工知能の話をしようとか言って集まったんですね。そのときに一人だけ変な話をする人がいたんですよ。この人だけなんか変だな、もうちょっとしゃべりたいな、と思っちゃった。それで仲よくなった。

スー　仲いいもんね、ずっと。私は一度しか旦那さんにお会いしたことないけど、中野さんの口からはいつも旦那さんの話が出てくるから、すごい好きなんだろうな、と思ってる。

中野　そうだね。今は結婚8年目になるかな。そろそろ結婚しようか、っていうのは二人で相談して決めました。

スー　プロポーズは男からするものって考え方も、まだまだ世の中にはありますが。

中野　あれもおかしいよね。結婚って二人のことなんだから、二人で相談して決めようよって思う。

スー　中野さんのところはケンカするの？

中野　うちはないですね。私が一方的にキレて終わる。うち、旦那ちゃんが全然キレないんですよ。

スー　いいことじゃん。

中野　いやいや、なんか私だけ一方的にキレてすごい恥ずかしいの。あとから振り返ると、一人でキレててみっともない。でもその後、反省します。もっとキレずにこう言うべきだったな、っていう風にいつも後で思う。片方しか怒ってない状態だと、ケンカって成り立たないんですよね。私が「もう頭悪いんじゃないの？」とかって言っても、「いや、僕が今悪いのは腰なんだけど」みたいに返されて。

スー　すごいいなし方だな。天才？　トンチ王？

中野　で、私は「そんなこと言ってない！」ってなる。でも、そのうち「腰が痛いのか、かわいそうに」という気持ちが湧いてくるし、それでも私の怒りが収まらないとわかると、「コーヒー淹れるね」って言って去っちゃうの。なんか私、手のひらで転がされている感がある。そんな感じで必ず最後は私が負けるんだよね。彼は天然でそういうことをやる人なので、すごいわっていつも思いますね。私より2歳上なだけなのに、すごい落ち着いている。あんな人見たことないよ。でもケンカのスタイルは違うけど、スーさんはガーッと言葉でやり取りできる相手とがやっぱりどこか満足できるんだと思うよ。

スー　私みたいにまくし立てる人ではないけどね。

中野　それはだって、こんなにしゃべれる人ってそうそういないから（笑）。

スー　だからいつも時間差でメールやＬＩＮＥがくる。頭に血が上ってるときになんか言おうとすると「メールにして」って言われるよ。

中野　でも多分、お互い自分に合った人を選んだんだなと思うなぁ。

同棲、法律婚を選んだそれぞれの理由は？

スー　普通に生きてたら、いつかは結婚するだろうと小さい頃は思っていたんですよ。なのに、普通に生きていただけじゃ結婚はできなかった。したいのにできない。おかしい、なんでだろう、と考えてわかった。結婚に向いてないと思ってるんだよね、自分のことを。昔からあるこの制度と今の社会ってそんなに相性よくないじゃないですか。加えて、私にはその資質が乏しい。でも結婚したら、制度に合わせる努力をしなきゃならない。その自信がまるでないのよ。よくよく考えたら、私の場合は自分の問題だった。「誰からも選ばれる資質のない私」とか「結婚するには相手が不適切」とかじゃなくて、誰が相手でも一歩前に踏み出せない自分の問題。もちろん結婚そのものを否定しているわけじゃなくて。自分の中の結婚観が変わらないとどうにもならないと思う。中野さんはなんで結婚したんですか？

中野　結婚してない理由を説明するのが面倒くさいから。

スー　それ言う人、結構いるよね。

結婚という世間からの防御

中野　防御ですね。あとは、実家と一線を引きたかった。別に所帯を持てば、実家から独立して別の家です、ってなれるでしょう？　実家の家族と仲が悪いわけじゃないんだけど、やっぱりちょっと距離を詰めようとしてくるところがあるので、「いやいや、そこは線を引かせて」と感じていたし。母が私に干渉してくることは今でもちょいちょいありますけど、「言えた義理かよ」って悪いけど思っちゃうところがあるんですよね。でも、それを言うと相手が傷つくこともわかっているので、そこは言わないし、言わせないのも礼儀と思っているのね。

スー　偉い。うちは私が24歳のときに母が亡くなっているので、そういう意味では都合がいい。そのまま母が生きていたら、母娘の間に何かしらの軋轢が生じた可能性は大いにある。でも、もう目の前には存在しないから、母親がどんどん美化されてくの。私の頭の中で、母親は聖母だよ。最高！　お母さん大好き！　みたいな。母は41歳で私を産んで、当時としてはかなりの高齢出産。さらに帝王切開の一人っ子。当時言われていた「こんな子どもは駄目になる」スペックをすべて持って生まれてきたのよ、私。わがままでこらえ性がないのは一人っ子だからとか、帝王切開で産んだ子は我慢が利かないとか、都市伝説あったじゃん。そういう風に外から言われるのが絶対嫌だったらしくて、母からは一人軍隊みたいな厳しい育てられ方をしましたね。

中野　一人軍隊（笑）。

スー　そう。でも他の子と比べて放牧地は倍ぐらい広かったんですよ。自由度が高かった。他の子はちょっとしたことで「こら、駄目でしょ！」って怒られる。一方、他の子なら怒られるようなことでも、うちは全然オッケーってことがたくさんあった。ただし、柵から一歩でも外に出た途端に電流がビリビリ流れる。「こら、駄目でしょ！」では済まないの。

厳しかったけど、親にされたり言われたりしたことで、のちのちまで傷になった記憶ってあんまりないんだよね。「ピンク色の靴が欲しい」って言ったら「あなたには似合わない」って言われて「くーっ」ってなったことはあったけど、あとから写真を見ると「確かにピンクは似合わない子だな。親、正しかった」って思ったし。ピンクとはのちのち自力で和解したしね。

親子の相性の悪さ、どうすればいい？

中野　うちはお母さんが美人なんですよ。結構「かわいい」ってちやほやされてたみたいで。でもそんな彼女から生まれた娘はデブだったのね。私、子ども時代はデブに育ってしまった。そのせいか、母はかわいい顔して娘のことを「ホルスタイン」とか呼んで

親子の相性はしょうがない

ましたからね。

スー　ひどっ！

中野　結構ひどいでしょ。でも彼女はそれを悪口だと思っていないんですよ。悪意はない。ただ、無意識というか潜在的には敵と見なしていたのかもしれません。私に明らかに似合わないような服をあまりよく考えずに買ってきて着せて、「あれ～？」と言ってみたり。そういう人ですね。

スー　さっきのギャラリストの話を彷彿とさせるな。3歳下の妹さんはどんなタイプ？

中野　妹はどうなんだろうな。妹と私、ほとんどやり取りがないんですよ。姉妹でも私は中学から一人だけ東京だったから、従姉妹みたいな感じ。遠いですね。彼女はまともだし、お母さんとも仲がいいみたい。

スー　親子でも相性って絶対あるよね。どっちがいいとか悪いとかじゃなくて。

中野　あるね。うちは妹のほうがお母さんと仲いい気がする。両親が離婚したときも、妹だけ母と一緒に住んでいたんですね。私は祖母の家に避難したり、友達の家を渡り歩いたりとかしていたから、姉妹でもやっぱりちょっと違うんだね。母は私をあんまり好きじゃないのかもな、っていうのはもうわかるんですよ。一方で、もちろん母としては「娘を好きな母でありたい」っていう願望がずっとあるんだということも。「本当はのんちゃんは優しいんだよね」とか言ってくるんだけど、その「本当は」って何ですか……みたいな。

スー　お母さんはいろいろびっくりなんだろうね。こんなに優秀な子が生まれてくるとは思ってなかっただろうし。想定外のことに耐えられる人と、耐えられない人がいる。

中野　母は今はもう再婚してるんですけど、私が30歳のときにこんなことがあって。母と二人で電車に乗って家に帰ったんですよ。そしたら帰宅した母が再婚相手に、「電車に乗ると乗客がみんな私じゃなくてのんちゃんのほうを見るの」ってすっごい悲しそうに言うんですよ。私はそんなことは全然気づかなかったしそう思わなかったけど、ああこれはもう厳しいなと思いましたね。相容れない人なんだな、って。だからもう別にそれで責める気にもならないし。もう私が悪いわけでも、母が悪いわけでもない。母にもむしろ「こんな子を産んじゃってかわいそうだったね」としか言いようがない。

スー　物理的に距離を置くしかないよね。

中野　そうなんだよね。近くで傷つけ合うのもしんどいし、娘と傷つけ合っているということを認識することすら彼女にとってはつらいでしょうし。結局、距離を置くのが一番かなって結論を出しました。

スー　私は一人っ子だけど、あちこちで似たような話を聞くよ。「妹のほうがかわいいがられた」「お姉ちゃんのほうが頼りにされていた」「弟は長男だから溺愛されていた」とか。まさかの中年期に入ってその亀裂が出てくる人、たくさんいる。毒親ともまたちょっと違う話で。子どもを支配しようとしたり、攻撃を仕掛けてきたりまではいかない。突き詰めていくと、単純に相性が悪いってことのように思う。

中野　わかる。私も母と本質的には合わないから。なんで親子に生まれちゃったんだろう、とね。私のことは生理的に受けつけないだろうに、よく育ててくれたなと思いますよ。「親だから子どもを愛さなきゃいけない」っていう押しつけもかわいそうじゃないですか。そういう「娘を愛さなきゃ」って思いに押しつぶされそうになりながら結構抑えてきたんだろうな、っていうことも、もうわかるので「お母さん、大変でしたね」って言いたい気持ち。

スー　私も父親と超険悪だった時期があるから、親を愛せないことに悩んでいる人の気持ちは理解できるけど、今にして思うとそれも「親子らしさ」に縛られてたからだと思うんだよね。たんなる人間同士の相性だから、ある程度はしょうがなくない？　同じ親から生まれて同じ家で育ったって、一人一人性格も好き嫌いも違う人間に育つんだから。

子どもを産まない女は完璧ではない？

中野　私、昔から自分が女であることがすごく嫌だったのをよく思い出すのね。男の人にはいろんな選択肢や代替案があるのに、女性は結婚して、子ども産んで、子育てする未来しかないのかなと思っていた。だから男になりたかった。私の標準的とは言えないスペックでは女性として期待されるフィールドでは勝負にすらならないであろうことにも結構早くから気づいていた。だって周りの人たちと意思疎通も難しいような自分に、家庭を切り盛りするなんてことは到底無理だろう、って思うじゃない。

スー　それは中野さんのスペックがおかしいんじゃなくて、期待される女の規定演技には不向きって話だよね。

中野　私がもう少し背が高くて格好よかったら、性別適合手術をしていたかなっていうくらいには、女であることが嫌だったなあ。生理痛も毎回毎回ひどかったので、「なんで私だけこんな痛い思いを毎月するんだよ」って理不尽さが本当に悔しかった。それと昔の私の目から見たら、だいたいの男は自分より劣位に見えたんですよ。今は素晴らしい男性もいっぱいいることはわかってるけど、当時の見識の狭い私にはそういう風に見えていた。だから結婚という形で愚かだと思っている人の下働きみたいなことをさせら

生殖機能をフルに使わなくてもいいのでは？

れて何十年も過ごさなきゃいけないなんて、地獄だと思っていましたね。そういう見方が変わったのはフランスに行ってからですね。

2008年から2年間、フランスのニューロスピンという研究施設に勤務していたんです。日本では黙って人に従うのが賢いとされるけれど、ヨーロッパでは何も言わない人はアホ扱いされる。黙って人に従うと、もう削られるだけ。どんなバカなことでも言ったもの勝ち。そういう文化に触れたら、すごく楽になったよ。もちろんエネルギーがいるから疲れるし、「生意気だ」とか言ってくる人もいるけど、それに対して「そういうあなたはどうなんですか」みたいな反論をしても全然いい。

スー　そりゃいいね。アクセルをベタ踏みしたい場面で無理にブレーキを踏むのって、すごい疲れるからね。

中野　そう。ゆっくり自転車を漕がないといけない、みたいな感じが、フランスではなかった。ちゃんと自分のペースで漕いでいいのね。そういう感覚がつかめたおかげで、「もう無理してゆっくり自転車に乗らなくてもいいか」みたいな気持ちになったね。

だってアカデミックの世界ってめっちゃマッチョ体質なんですよ。まず東大医学部医学科（いわゆる「鉄門」）に女性の教授がそもそもいない。保健学科や医学部医学科の助手、准教授、助教授には女性もいるんですよ。でも、女性の教授はいないし、なれない。

スー　今でも？

中野　もちろん。彼らは本気で心の底から、「女はバカだ」と思っているんだと思う。もちろん言葉では女を立てる風のことはみんな言うんですよ。だけど公にならないところではすごい。でも、もう思うようにさせておけばいいんじゃないですか。男社会で勝ち抜いて「女の教授です！」ってなっても、リターンもほとんどない。命を削って捏造まがいのことをしてまで、しがみつくようなことをする人いますけどそんな価値あるところじゃない。給料は安いし、雑用でこき使われるし。

スー　優秀な女性があえて東大を選ばない時代がくるのかもね。

中野　私が院生だったときに、すごく印象に残っていることがあるよ。今も第一線で活躍する非常に優秀な女性の研究者について、ある男性教授と話していたら、「彼女は仕事は頑張っているけれど、子どもを産んでいるのかな」って突然言ってきたのね。このテーマについては2章でも少し触れていますが。子どもを産む、産まないことと、仕事の業績ってまったく関係ない話なのに、この人の論理構造どうなってるの？　と驚いた。それまでは頭のいい人と思っていたから。

スー　うわ、ひどい。子どもを産まない女は完璧ではない、女として完了していないっていう認識があるからそういうこと言ってくるんだろうね。

中野　というか、それぐらいしか突っ込むところがなかったんでしょうね。その男性教授は比較的リベラルな人だとそれまで思っていたのに、その彼ですらこういうバイアスがあるんだな、とショックを受けました。

スー　おっしゃる通りだね。結婚していない、子どもを産んでいない。そういう女は他にどんな偉業を成し遂げても、世間から一人前扱いされない。

結婚出産とは違うけど、「そこしか叩くところないの？」って話は差別問題でよくある話。たとえば在日外国人は何かにつけて「日本人ではないから」と揚げ足を取られる。何かを成し遂げたら外国人であることを問題視する人が出てくるし、何か失敗したら日本人ではないことが原因だと言われる。前提条件はだいぶ違いますが、現象として未婚女性にも似たことが起こります。

中野　どこの国のどのあたりに生まれるとか、一切自分の責任じゃないからね。

スー　その通り。でも結婚や出産は自分の選択の結果だと思われがちだよね。私の未婚は私の選択だけど。

中野　でも、妊娠・出産には生理的な要因もあるよね。

スー　現実はそうだけど、そう認識する人ばかりでもないのがつらいところ。

中野　結婚する、しないも自分の意思だけで決まるものじゃないけど、人によっては自分で選んだくせに、と100%個人の自己責任に帰着しようとするね。

スー　未婚女性に「子ども欲しくないの?」って聞いてくる人は少なくなったけど、結婚しているカップルは、まだまだ気軽に尋ねられるみたいだよ。妊娠・出産は個人の努力でどうにかなると思われている。

中野　なんでもっと早いうちに産まないの、とかあるよね。

スー　出産については、機能がついてるなら使ったほうがよくない? って考える人がいるのは当然。ただ、物件にたとえるなら「そのシステムキッチン、いらなかったんですけど」っていう場合もあるわけじゃない? システムキッチンはいらないけど、他の部分は気に入ってるからこの部屋借りよう、とか。オーブンがついているキッチンを選んでおいて、なんでオーブン使わないのって言われても、「いや、別にオーブン使った料理食べたくなくて」って人もいる。

中野　外食するからいいし、みたいなね。

スー　そうそう。マナーとしてそういう質問をする人は減っていくだろうけど、「機能があるのになんで使わないの?」って思う人の数はさほど変わらないだろうな。

中野　なんか独身男性の価値は高いのに、独身女性の価値は非常に低いですよね。その辺はすごく非対称。結婚できない男の人は、「結婚しないのね」と見てもらえるケース

女が人間に見えるまでには時間がかかる

を割と見るけど、これが女性になると「結婚できないのね」になるというね。

スー　男の人でも社会的な立場が低いと「結婚できない」と言われるだろうけど、女の場合は社会的な地位や立場に関係なく、おしなべて「結婚できない」とされがちな印象があるよ。男性から選ばれるのが女性、とされているからなんだと思います。そういえば、冗談半分でツイッターのプロフィールに「選択的未婚権行使中」って書いたら、テストステロン高めの独身男性から、「みっともない」「寂しい女だ」みたいなことエアリプ（本人には直接届かない返信）されたことあるよ。何かを刺激する言葉なんだね。

中野　そう言ってくる人たちにもこじらせている何かがあるんだよね。いまだに結婚してない＝選ばれなかったっていう強固な刷り込みがあるというか。

東大男子は東大女子をどう思っている？

スー　中野さん、東大工学部在学中は「女王」と呼ばれていたってどこかのコラムで書いてたよね。なんで女王だったの？

中野　うう、恥ずかしいな……。多分どっしりとした風貌じゃないですか？　私は理系だったので、男女比が50：1とかそういう感じなんですよ。そうすると、いろんなことでなんとなく女性が優先されるんですよ。飲み会の席とか、行きたい店を選ぶときは女性が行きたいところにみんなが行くとか。まず数自体が少ないっていうのがひとつ。それからもうひとつは、周囲の男子学生がそもそも男子校出身者が多かったんですよ。彼らの多くは小さい頃からお受験して、中高一貫の男子校に入って、異性への関心が最も高まる10代の6年間にひたすら勉強をして、東大に受かった人たちだよね。そんな彼らは大学に入れば自分もモテると夢を見る。ただ、女性が多い環境にぽっと入ったら「東大くん」とか言われてモテるだろうけど、9割以上が男性の東大のクラスに入っても、モテるわけがないんですよ。魅力がないんじゃなくて、単純な算数。中には女が0のクラスだってあるくらいだから。

スー　彼らにとっては想像と違う未来が訪れたわけだ。

中野　在学中に接していてわかったんですけど、勉強以外のことができない男性が結構多かったのかもな。あと、女の人たちのことをすごく女神か、すごくビッチかのどちらかとしか考えていなかったり。対等な人間とは思っていないんですよ。

スー　同じ人間として見ない男性は、残念ながらいるよね。それは共学でもそうかもしれないけど。

中野　これすっごい嫌だったなあ。女神かビッチのどちらかとしか扱われない。その二択以外の存在になるにはどうすればいいかというと、女性性を消すしかないっていう。

「若くて元気がいい女」がおじさんに好まれる理由

なんか奇抜なファッションをしてみたりとか、そういうこと。そうやって女の部分を消す雰囲気にしないと、人間として扱ってもらえない。まあ、そういうことをすると「女を捨てている」とかも言われるんですけどね。

スー　じゃあ戦略として奇抜なファッションに走ったの？

中野　いや、たんに好きだったからというのが先（笑）。でも、そうしてみたら、「ああ、君は僕たちが知っているゆるふわキラキラした女子とはなんか違う人なんだね」と彼らの態度が変わることに気づいて。多分、彼らとしても異性をどう扱っていいかわからないだけなんですよね。たまに女きょうだいが多い男子学生だったり女慣れしていたりする人だと普通に話せることもあるんだけど、男子校から東大という男社会の中にずっといる人は、やっぱり女性を同じ人間としては見ない。もちろん、彼らにも言い分はあると思いますけど。ようやく30歳を超えると、女を人間として見られる人が増えてくる感じかな。

男にとって自分の地位を脅かさない女の存在意義とは？

スー　私は女子高女子大なんだけど、社会人になってから「女は若くて元気あるのがいいな」「今年の社員も女が元気だな」って言いたがるおじさんたちが一定数いることに気づいたのね。私はそういう女だったから「やったぜ！」って思ってたけど、今から考えると完全に捨て駒特攻隊だったな、とも思う。いわゆる出世ラインからは最初から外れてるのよ。だからこそ、何でもやらせてもらえた。「男は元気がないよな」と言いたがる男に限って、自分の支配下には従順な男しか置かないんですよ。派閥を作ったり、命令系統をスムーズにすることを考えたら、反抗的な男なんていらないからね。だけど、現場に刺激も欲しい。そういうときに元気な女は最高の存在なのよ。会社の空気が変わるし、たまにいいアイデアも出す。それでいて、自分の地位を脅かさない。他の派閥に属することもない。まぁ結果的にはよかったんだけどね、何度も転職してやりたいことやれてきたし。でも、男だったらそうじゃない選択肢もあったかも。

出世と言えば、それまで仲よくやっていた男の同僚が、同じポジションを争うことになった途端、急に厳しく当たってくるようになるやつ。私も経験あるけど、あれって、その彼が突然意地悪になったわけじゃないんですよ。ようやく同じ人間として認められた、っていうだけ。それまで競争相手にすらならないと思われてたんだよね。

中野　アカデミックの世界も本当そうですよ。もっとひどいかも。これ、めちゃくちゃ爆弾発言になると思いますけど、今の東京医大とか順天堂大の入試不正問題ってありますよね。あれの逆の現象が東大の院試であったんです。

スー　女だから合格できたってこと？

中野　いや、ちょっと違う。以前、結構お酒を飲む先生が飲み会の席で、「院試なんてあんなんインチキや。みんな研究計画なんか見とらへんのや。女でちょっとかわいかったらみんな５つけんねん」とかこぼしたんですよ。東京大学の医学部の院試で、ですよ？

スー　うわ。腹立つね。中野さんの前でその話したの？

中野　そう。私、女で院試受けましたけど、先生は私のことアホだと思ってるんですか、みたいな……。すごいモヤッとしたし嫌な感じだった。

　これ、週刊誌に載せないでほしいな。酒の席でのつぶやきなので、先生のフィクションかもしれませんしね！　と言い訳しておく。

スー　「ネットニュースもやめて！」と言っといたら？（笑）で、頼んでない下駄履かされる問題だ。美人やかわいい女はとくにやられる。それを「得」とみなされるのは本当勘弁だよね。

中野　そんなおまけ、こっちも望んでないしいらないのにさ。

スー　「女性２０００円、男性１５００円＋プチデザートつき」ってイベントやりたいよ。同じものの値段が女性より５００円安くて、ちっちゃい器に入ったひとすくいの杏仁豆腐と2粒ぽっちのフルーツもついてくる。「はい、男性だからサービスだよ」って言われる気持ちを男性にも体験してほしい。

中野 スカスカでおいしくないちっちゃいスポンジケーキとかね。まったく欲しくないでしょ。あれはよくよく計算すればちっとも得をしないクーポン券みたいなものでしょう。あれで「得してる」ことにされてしまう。

スー あの体験をすると、こちらの気持ちがわかってもらえると思う。この本を手に取る男にはそのユーモアが通じると思うんだけど。

女はなぜ中身を見られないのか?

スー アトランタでヒップホップがメインにかかるクラブに行ったときね、すごい行列だったんだけど、私たちがアジア人っていうだけで100人くらい抜いて入れたんだよね。で、VIP席を与えられた。ドリンクチケットもたくさんもらって。アジア人の女がVIPに座っていると、なんというか絵的に映えるんですな。最初は得意げな気持ちになったし面白い体験だったけど、「なるほど、お飾りとして扱われているのか」とあとからモヤモヤもした。

中野 あるね、それ。会議とかでも女性を一人入れておくことで、「この会議には多様

お飾りの紅一点という役目

性がありますʼ」という風に見せることあるでしょ。そこにもう一人女が増えたら、それだけで「女性の活躍を応援してる」とか……。おかしいでしょ。

スー　そう。「得」とは言えないよね。

中野　むしろあれを「得した」と思える神経を知りたいわ。人として扱われていないっていうことだからね。私、よく変なファッションにしたり金髪にしたりするでしょ。そういうときにおじさんたちが集まる勉強会みたいな場に呼ばれることがあって、月1で通ってたんですけど、もう本当にクソなんですよね。どういうことかっていうと、「社外取締役になってほしい」とかいう話が幾つかあったんですが、「でもその髪型じゃね」と言われたという。じゃあ最初からそんな話、振ってくるなよ？　としか……。

スー　あえて言ってくるってことは、「従順な髪型に直してこい」ってことでしょ？

中野　要するに、多くの男性は大江麻理子さんみたいな女性がいいわけです。彼女は本当に完璧ですてきな人だけど、みんながみんな、ああじゃなくてもいいのに。

ある女性タレントさんの話なんですけど、彼女は「あなたに会いたい。一緒に食事をしませんか」と偉い人からオファーをもらうことがあるそうなんですね。でも、それは先方が仕事として会いたいのか、それとも女性性を求めて会いたいのかの2種類があって、後者を求めて「会いたい」と言われるとものすごくがっかりする、って。私もそこはすごく共感するんですよ。せっかくのおいしい食事の席であっても、「人間としてではなく、女として求められてるのか」ということがわかると、もう砂を噛むような味になっちゃうし、シンプルにつらい。別にこちらは相手を男としては見てないし。自分の女性性を否定したいわけではなくて、その奥にある人格もちゃんと見てよ、この男性はもっと頭のいい人だと思っていたのになっていう気持ちになってがっかりしますね。

スー　品のない言い方をすれば、会話を楽しもうと思ってた相手から、「やれる、やれない」の軸でジャッジされるってこと？

中野　そこまであからさまではないけど。でも、「女のくせに生意気だ」みたいな発言をする男性は、私を一個人ではなく、女として見ているってことなんですよね。そういう残念なケースは多々あって。同じことを発言をしても、私が言うと「生意気だ」と鼻で笑われて、別の男性が言うと納得されるということはしばしばあるんですよ。

それもいろんな研究結果でも明らかにされています。たとえばオーケストラの演奏家。相手のビジュアルを見ない、つまり性別を知らないままブラインドテストをすると、採用する人の男女比はほぼ半々になるんですよ。ところが、どちらの性別かということを踏まえてテストをすると、採用枠の8割から9割が男性になるという。

スー　音楽家は男の仕事だと思われてるんだね。ニューヨーク大学の研究者マデリン・

E・ヘイルマンとアーロン・S・ウォレン、コロンビア大学教育学大学院のダニエラ・フックスとメリンダ・M・タムキンスが実施した「男性の分野とされる仕事で成功した女性が支払うペナルティ」という研究で、伝統的に男の分野だと思われている業界での成功談を男性の話として話した場合と、女性の話として話した場合では、聞き手の印象で全然違う結果が出たと聞いたことあるな。女性だとステレオタイプから外れるから、非協力的だとか敵対的だとか悪印象を持たれて嫌われがちになる、っていうね。聞いてるほうが男でも女でもそう思うって。これまたその人のせいじゃなくて、社会のバグだ。

中野　有名なトリック話をもうひとつ。出勤途中に子どもを学校で降ろすつもりでスピードオーバーした車が、歩行者を避けそこねて対向車線を走るトラックと正面衝突してしまった。運転手だった父親は即死、後部座席に座っていた少年は頭部を強打して意識を失った状態で病院に運び込まれた。少年は、そこから脳神経科の手術ができる大病院にすぐ搬送されるが、幸いにもその病院には著名な脳外科医がいた。海外で幾度も講演をこなし、この分野の権威と呼ばれている脳外科医。ところが、この脳外科医は手術室に横たわる患者を見て言った。「この患者は私の息子だ。私には手術はできない」と。さて、どういうことでしょうか。

これね、すごくいろんな答えが出てくるんですよ。「脳外科医は精子を提供した実の父親だった」「事故に遭った少年は婚外子だった」とか。でもこの流れでわかるでしょうけど、正解は「著名な脳外科医は少年の母親だった」なんですね。ジェンダーバイアス（性的偏り）がかかっていると、その答えが出てこないんです。

スー　母親がブレッドウィナー（大黒柱）で、父親が子どもを送り迎えしたり家事をしたりする、という家庭像は想定外なんだな。

中野　海外で何度も講演をこなしている著名な脳外科医が、女性であるというイメージが一般的には湧かないんでしょうね。仮に私が著名な脳外科医だとしましょう。もうすぐノーベル賞を取るかもしれないような。そうすると、多くの人は「お子さんは？」「ご家庭は？」「料理はされるんですか？」「おうちはやっぱり汚部屋なんですか？」といったことを聞くでしょうね。私が女であるということだけで。私が男だったら、そんな風に聞きますかね？

スー　聞かないだろうね。

中野　これが男性だったら、「内助の功」とか言われて、女の人がサポートを肩代わりするわけですよ。でも、私たちにとっての内助の功って誰がやるの？　いないでしょう。

スー　いない人のほうが多数派だよね。男女ともにサポート役が好きな人は、それでいいんですよ。後ろめたい思いをする必要はまったくない。でも女にだけ……。

周りからバカと言われても ゴールは自分で設定したい

中野　繰り返しになるけど、それを女全般に求めることがおかしいんだよね。その人の適性に合わせた得って、それこそ星の数ほどあるから。そこで誰かと戦わなくてもいい。

スー　「○○じゃない」ことに後ろめたさを感じなくていい。誰かに長期的な不利を強いる構造に組み込まれるのでなければ。そして、得と引き替えに被支配を受け入れることにならなければ誰でも得をしていいと思う。「よくしてもらう」っていう善意はありがたく受けたいし、返したいしね。

無駄に代謝しない働き方とは?

スー　あとさ、「働きたくない」っていう人いるでしょ、男女問わず。なぜ働きたくないのか、いろんな理由があるよね。今の仕事が嫌なのか、生活の中で仕事のプライオリティ（優先順位）を上げたくないのか、労働と呼ばれるすべての行為が嫌なのか。どちらにせよ、どうすれば効率よく生きていけるか、それぞれ工夫の仕方が違うはずだと思うんだよね。

中野　私も働きたくないよ。

スー　あなた実はそうよね。世間からは仕事好きと思われているかもしれないけど、このお方はね、誰よりも効率よく働くんですよ。

中野　普段はゾンビみたいな人間だから（笑）。最小の努力で、吊し上げに合わないように、働いていているように見せかけている的な。

スー　そういうとこ、天才だよね。どうしたらミニマム労働で自分を満たせるか、かなり考えてる。テレビだって、自己顕示欲から出ているわけじゃないでしょう。

中野　効率のいい宣伝手段として、最小限だけ出てる。これ以上出ると消費されてしまうおそれがある。

スー　まるで水面から鼻だけちょっと出してるワニだね。身の危険を感じたら、シュッと水に潜る。

中野　よく見抜きましたね（笑）。みんな水の外に出たがるんだけど、出ちゃったらそんなのひからびて死んじゃうかもしれないじゃないですか？　超低空飛行ですから、私。

スー　働きたくない気持ちを丁寧に分解して工夫した結果、このスタイルが編み出されたの？

中野　もちろん、私なりに工夫はしていて「これを残せばゴール」みたいな戒めのラインが自分の中にきちんとあるのよ。そこはなるべく破らないようにはしつつ、最小限の労力でこなしていきたい。いうなればナマコですね。ナマコってめちゃくちゃ代謝が低いのね。で、最小限しか動かないから、敵に襲われるリスクも低い。素晴らしい生態じゃないですか。「私、これだわ」って思ったよ。

スー　ナマコ信子。韻踏んでる。「中野信子は優秀だからそれができるんだ」って声は出ると思うけど、このモデルはどのサイズでも再現できる。女性こそナマコ的な働き方が向いてるのかも。だって男性に比べて体力がない人が多いし、妊娠・出産が可能ということは、生き物として脆弱な時期が一定期間あるってことだから。無駄に代謝しない働き方、戦略的には全然ありだと思います。

中野　ナマコやカメとか、海の生き物は結構そう。種を問わず、基本的に運動量が多いと短命になる。人間も同じで、多忙だと短命になる傾向があるという見解があります。だから経験を積んで自分の許容範囲が見えてきたら、その範囲内でやれる方法を考えていけばいい。メンタルを維持するために、たまにはちょっとの刺激があってもいいけど。

スー　中野さんはいつからそういうナマコな生き方を選択したの？

中野　以前は私も息を詰めて競争する生き方をしていたのよ。それをやめたのは、ポスドクが終わるとき。ニューロスピンにポスドクとして在籍していたのだけど、2年が過ぎた段階で「もうこれでやりたいことやったわ」と思えたのでスッパリやめました。それまではずっとここをゴールと定めたら思い切り息を詰めてやり遂げる、っていう生活をしていた。でもあとの人生はもうボーナスゲームみたいなものだから、ゾンビになって好きなことだけやろうと思ったの。

実はその時点でパリでの次の仕事も決まってはいた。それを捨てて日本に帰っちゃったから、周りの人からバカだバカだってさんざん言われましたね。でも私にとってその仕事はフランスにしがみつくだけの手段にも思えたし、旦那ちゃんに会って一緒にいたいなという気持ちのほうが強くなったこともあって、今はそれを我慢するフェーズなのかな？　と考えた結果、好きなほうを優先しました。今思えばあれが人生の大きなターニングポイントでしたね。外から見たら愚かな選択だと言われるんだろうけど、「別にそれが何？」っていう感じですね。

スー　ゴールは自分で設定していいんだよね。ゴールがわからないことが一番つらいもん。自分で決めないと、ゴール＝他者からの期待、だと思っちゃうし。私の場合、人が決めたゴールって終わりが見えなくて怖いんだよな。次から次へと新しいのが出てくるから。

中野　私もずっと社会が決めたゴールみたいなものに一生懸命になっていたんだなと思う。でもある程度クリアしてしまって、もうこれ以上クリアするものがないなっていうときがきた。34、35歳のとき。ただ、平均寿命からすると、人生がまだ50年くらい余っている。じゃあどうしようかって考えて、それまでの息を詰めて走り続けるような生活はもうやめようと思ったんだよね。
　今やっているテレビの仕事が面白いのは、自分の知っている範囲内では絶対に会えない人に会えることなんです。そうすると、違うゲームが楽しめる。自分が持っている考えをどういう形にしてモディファイ（修正）したら伝わるかなとか、こういう風にすると私は満足するがみんながついてこないのか、とわかったりするのも面白い。そこから社会の仕組みもよく見えるような気がした。本を書くことも同じよね。コアなファンがついてくる本と、みんなに売れる本っていうのは違うんだなといった発見がある。今は海の中から人間の社会を観察しているみたいな感じがして、すごく心地いいですね。

スー　世間の中野信子像が固定しないようにしてるでしょ。最近じゃ本の帯に載っている写真も一冊ごとにイメージが違う。中野信子の顔はわかる。脳科学者だってこともわかる。だけど、つかみどころはない。

中野　私の著作を読んだり出演したテレビを観たりしている人たちからは、「どういう人間なのかよくわからない」ってよく言われるね。それでいいんです。実像をわかられるのは好きじゃないし。昔は忌み名という考え方があったでしょう。本名、自分の存在を知られないようにするのがセキュリティ的に有利だという意識があったんですよね。だから引っ越しもしょっちゅうする。葛飾北斎は「画狂老人卍」とか名前を頻繁に変えたし、引っ越しも多かった。勝手に大先輩と思っています。

「本当の自分」を本気で知ってもらいたいですか？

スー それはメディアに出るようになってから？

中野 その前からずっと。自分の存在というか、本心のところはあまり知られたくないという気持ちが強いんだよね。強く意見を述べて誤解されるのは嫌だし、どうせ理解されっこないんだから、という気持ちがある。親に対してもそうですね。彼らが自分を理解することは有り得ないので、会うときは親向けの自分を作ります。ちなみに、メディアに出るときはかぶりものをしたり、エキセントリックな発言をわざわざしたりしていたのもその流れかなあ。マネジメント的には非常に売りにくいと思いますけど（笑）、親向けの顔、友達向けの顔、メディア向けの顔をすべて合致させる必要なんてないのではないかしら。

スー 場面場面でアタッチメントをつけ替える考え方には全面的に賛同します。

中野 コア、シャフトがあれば別にいいし、そのシャフトは人に見せる必要ってないですよね。見せることによるメリットは何もない。少女漫画の影響なのか「自分を理解してもらわないと結婚できない」と思い込んでいる女性が多い気がしますが、逆に相手か

アタッチメントをつけ替える生き方を選ぶ

ら「本当の自分」のような重いものを見せられて受け入れられるかな？　私は嫌だなあ。家にそんな重たい存在はいてほしくない。自分ってそもそもモザイクであり、幻想ですから。

スー　好きな相手にはコアの部分を見せなければならないと思い込んでいる人は、一定数いるかもね。私はこの歳になって、本当の自分なんてどこにもいないと思うに至ったよ。無人島に一人で行ったら、「本当」も何もないでしょう？　嫌いな人と一緒にいるときの自分は嫌いだし、この人たちと一緒にいる自分は好きだなってのもある。だから、一緒にいて苦しくならない相手がいる場所に、自分を移動させる。私はそうしてる。

中野　あなたという人間の機能に合った相手が、あなたに向いている相手、ということだと思う。インターフェース（周辺機器との接続面）が重要なんだよね。自分というものを仮定したほうが、社会的な存在として個を維持するのに便利だから単なる装置としてあるわけで、少なくとも脳のどこを調べても自分というユニットはないっぽい。

スー　社会規範としての女らしさ、つまり「控えめ」「よく気がつく」なんて要素を備えるのが理想だと思っちゃうと、いい娘、いい妻、いい母親であろうとして周囲の期待に無理して応え続けることになる。それを「あるべき本当の自分」と規定してしまうと、苦しいよね。

「第二の性」

中野信子

女性は男性に守られるべき存在であり、小さく、愛らしく、可憐でなくてはならない。そうでなければ「選ばれない」。そういう雑誌記事、ネット記事を本当によく見かける。女性は男性よりも能力があるように見せてはならない、女性は男性よりも賢くあろうとしてはいけない、女性は男性よりも……。

いや……もうそんなに言うなら選んでもらわなくていいですよ。

選んでもらっても、タダ働き同然で男性のライフのメンテナンスに一生を捧げることをどうせ求められるのでしょう?

状況さえ許すなら、むしろ私のほうこそ選びたいのだけれど。

男性のほうが強くなくてはならない、などという思考から自由で、女性に意思と能力があることを肌感覚で知っており、気負わずつき合ってくれる、楽しい人がいいなと思う。

男性だって、自分のほうが強く、賢く、格好よくなくちゃいけないとか、そんな刷り込みのせいで毎日ストレスかかって大変だろうなとも思う。

「人は女に生まれるのではない、女になるのだ」とシモーヌ・ド・ボーヴォワールが喝破してから70年(『第二の性』が刊行されたのが1949年)。性はあらかじめ決まっているわけではなく、私たちは社会からそう誘導されて、女であることを選ばされる、受動的選択をさせられている、という意味だ。この言葉を知っている読者はどれくらいいるだろう。

まあ、生理学的な性差や社会学的な女性性についての議論も出尽くしている感はあるし、性染色体と性自認が一致しないケースもそう少なくないことはもう有名な話だから私が説明するまでもない気がする。けれど、体を見ればあらかじめ決まっていることは自明じゃないか？　と反論したい人は本書を冒頭からよく見直してみてほしい。

『第二の性』の中でボーヴォワールは、男性によって作られた女性神話を否定し、女性の真の姿を捉え直そうと試みている。女であることを選ばされている、という発想はいかにもフランス人らしいなと思う。ただ、そこから70年たった今でもなお、私たちは「第二人類」の座に甘んじている。まあ、聖書にも、女は男の肋骨からできた、と堂々と書かれているくらいだし、教皇にもかつて女性は存在しなかったわけで、なるほどそういうパラダイムがいまだに健在なんですねえと皮肉のひとつも言いたくはなる。いつも十字架を見るたびに思ってしまう。私、男の肋骨なんですねえ。

さて、彼女とサルトルとのオープンマリッジは有名だろう。サルトルは数多くの愛人を作り、ボーヴォワールは、彼の真の愛情の相手は自分一人であることを願っていたというけれど、サルトルにとってはどの相手もそれぞれに特別な相手だった。

サルトルが彼女と同じアパルトマンに住むことはなかった。もちろん、オープンマリッジを楽しむためだが、ボーヴォワールにもサルトルとは別に恋人がいた。彼女が同棲した唯一の男性は44歳のときに出会った、18歳年下のクロード・ランズマンである。彼はのちに映画監督となり、ホロコーストを題材にした作品で評価されている。

ボーヴォワールがランズマンに送ったなかなか情熱的な書簡は、今はイェール大学が所蔵している。ボーヴォワールの養女シルヴィが、養母とランズマンとの関係をなかったことにしようとしたとして、ランズマン自身の意思で昨年、一般に公開されるようになった。

サルトルが数多くの愛人を作ったことはそれなりに許容されている一方、ボーヴォワールに年下の愛人がいたことを、それもかなり本気の関係を築いていたということを、どうもこの養女は隠そうとしたらしいのだ。まあ、『第二の性』刊行から未だ１００年経ってもいないし、現状認識をシビアにすればそう糊塗したくなるものなのかもしれないし。もちろん相続の問題もあるだろう。

ただもしそれが本当のことなら、何とも残念なことだ。「男性にとって都合のよい女性」像を切り崩そうとした彼女の生きざまを、完全否定する行為のようにすら見える。

女性が男性に抵抗してみせることに恥ずかしさを否応なく感じさせられてしまうほど、社会の無意識的な抑圧の空気は硬くて、もう21世紀になってかなり経つのに、世の中が変わるどころかすでに締めムードが漂っているようですらある。

どういう選択をするのがベストなのか？　答えはない。

答えがないのが、面白い。

4章

なぜ女は
自信を持ち
づらいのか？

37歳でようやく「女らしさ」から降りられた

自分に自信が持てたきっかけって？

スー　ところで中野さん、自分に自信が持てたのっていつですか？

中野　うーん、37ぐらいかな。

スー　うわ、わかる！　私もそれくらいの年齢だったからすごくわかる。あのね、どう考えても年齢的に「女らしさ」を求められているうちは、女って自信が持てないようになってるんですよ。それに女らしさの呪縛って若さともいくぶん親和性があったりするから、もう完全にその状態で自信を持つなんて無理ゲーなんですよ。あ、このゲームの設定がそもそも無理なんだって気づけたのは、私も37か38歳だったな。

中野　そうなの。だって自信を持ったらもうジ・エンドなんだもん。自信があることは女らしくないことだから。でもね、37歳くらいで男目線とかそういうのが関係なくなる時期がきましたね。ようやくビンテージになれたな、みたいな。

スー　うんうん。私はボーヴォワールじゃないけど、「女から人間になったのだ」っていう実感がありました。そのあたりの年齢って子どもを産まない人生みたいなことに信憑性が出てきた時期だと思うんですよ。そろそろ物理的に難しそうだな、っていうところでようやく規定の女らしさから降りることができた。

中野　ある種のほっとした感があったよね。あ、ようやく解約していいんだ、この20年縛り長かったな〜みたいな。

スー　解約って言葉、すごくぴったりくるね。でも20年どころじゃなく30年縛りくらいでしょ（笑）。使いもしない無駄なオプションがいっぱいついていて、本当にいらないもの満載だったのがようやく解約できた。

中野　こういう話をすると「子どもを産みたくても産めない人が」とか非難がきそうですけど、それとこれとは別なんだよね。私たちの場合はそうだった、というだけで。

スー　本当に。契約書をもっと早くちゃんと読んどけばよかったよね。「え、自由意思でよい？　字がちっちゃくて読めないよ！」みたいな。中野さんも私も、女らしさを解約したことでようやく自分に自信が持てるようになったってことだよね。

それまではやっぱり自罰的な気持ちがあったんです。自分らしさを突き詰めるほどに、世間一般でいう女らしさから乖離していくから。誰かのために生きられない自分にすごく罪悪感を持っていた。

Aimer（エメ）というアーティストの『Re:pray』という曲で、「誰かの為に生きてゆけない自分を許せる強さを」ってフレーズを作詞したことがあるんですよ。思い返すと、30代中盤だった頃の私は、まさにその状態でした。結婚して夫のために生きることも、子ども

他人のために生きる人生はゆがむ

を産んで子どものために生きることも選べなくて、そんな自分は利己的だと思ってずっと苦しんでいた。そんな自分が生きていていいのかなみたいな自信のなさがあったんですね。でもあれも今思えば、女らしさが解約できなかったからであって、私のせいではなかった。

これは若い世代の女性に伝えたいんですけど、自分が本来持っている「自分らしさ」と世間一般に言う女らしさがうまく合致する人もいれば、私のようにそうではない人もいるんですよ。そこが添わなかったからといって、自罰的にならなくていいですからね。そもそもは無理ゲーだということに、女性たちには早く気づいてほしい。

私はこれまでの人生のほとんどに後悔はないですけど、女らしさと自分らしさを合致させることは無理ゲーだった、ということだけはもっと早く知りたかったですね。自己犠牲ができないことに対しての自罰意識がすごく強かったから。

自分のために生きることは、はたして利己的なのか?

中野　「誰かのために生きる」って、恐ろしいことに、実に心地よいことなんだよね。だけれどもその心地よさは長く続かないし、基準も簡単に変わる。ちょっとつらい状況に陥ると「どうしてこの人のために、自分がこんなつらい思いをしなきゃいけないいんだ」に簡単に変わっちゃうんです。どんなに自発的に決めたとしても。ただ、女性は社会的な刷り込みによってサポーティブに生きることを推奨されているから、若い時期ほどそれをやっちゃいがちでもある。

スー 本質的には性別は関係ないのかもよ。だって普段は協力的なうちのパートナーが一時的にそうなったこともあったから。誰かのために生きるのって、ほとんどの人にとって難しいことだと思うんですよね。あとでゆがみが出がち。

中野 10年後とかそんな長いスパンではなく、半年ぐらいで大体の人は「あれ、おかしいな」と気づき始めると思いますよ。子どものことを「かわいい」と思うのはごく自然な感情だけど、その自然な感情だって脳という器官が絡んでいる以上、オキシトシンなりなんなりの物質によって支配されている可能性が否めないんですよね。つまり、脳内の物質の具合によっては、ごく自然に「かわいい」とは思えない人も当然いるわけで。

スー だから自分の利己的なところを責めないほうがいいよね。自分が一番大事だと思うことは悪でもないし、むしろ自分のことを大事にできない状態は、健康な状態とは言えないから。

中野 本当にそう思う。「自分が一番大事だから、この人に一緒にいてもらいたい」ならいいと思うんです。でも「この人が一番大事だから、自分を犠牲にしてもサポートしよう」はいずれ破綻しちゃう。苦しくなるよね。

スー　私は女らしくないことや、子どもを産んでいないことに対しての税金未納感みたいなものがいまだにあるんですよ。それはやっぱり一生消えないと思う。消えないんだけれども、まあちょっと面白がれるチャームぐらいな感じに今はなっているかな。

あのね、35歳ぐらいのときに一回頭のてっぺんからつま先まで女らしくした時期があったんですよ。ふわふわヒラヒラのワンピースや胸を強調した服とか着たりして。そういうのが好きな男らしい人と何回かデートをしたり、おつき合いをして式場の仮予約までしたんです。

中野　今のスーさんと全然違うね。コスプレだ。

スー　そうそう。女のコスプレ。そのときにハッキリわかったんですよ。「このコスプレ、楽しくない。自分にはこういうのは無理だ」って。当時の私は自信のなさが最高潮に達していたんですよ。女らしくない自分、子どもを産める機能を持っているはずなのにそれを使わない自分に対してうしろめたさがあった。そういう自責の念や欲、見栄なんかがピークに達したから女らしさに擬態したんですね。だから当時の元彼には申し訳ないです。ほぼ騙していたわけですから。あの頃の自分の写真とか見ると本当に気持ち悪い（笑）。

だからあのときの彼が今の私を見たら仰天すると思いますよ。まったく違う人だもん。でもそこで大気圏を抜けましたね。女らしさという重力がもう掛からなくなって、今は非常に気持ちよく浮遊しています。

あの当時のことを思い返すと、何でもかんでも自分のせいにし過ぎてたんですね。それはつまり客観性とか俯瞰の視点でものを見る習慣がなかったということでもある。それがもっとできていたら、あそこまで袋小路に入ることはなかったでしょうね。中野さんはどうやって自信が持てるようになった？

「40過ぎたら楽になる」は本当？

中野　自信なんて今も本当はないんだけど、ただ、生きづらさがなくなったのは37ぐらいなのね。やりたいことをやってフランスから帰ってきて、結婚してちょっと落ち着いたのが37くらいだった、っていうのもあるかもしれない。それまでなぜ生きづらかったかというと、ずっと不完全な感じがしていたからなんだよね。これは女であることとあまり関係ないかもしれないけど、何かをしないと完全な人間になれない、自分には何か部品が足りていないんだ、という不完全な感じがずっと私はあって。『妖怪人間ベム』みたいな（笑）。

人生、不完全でも面白く生きられるよ

スー　「いつか人間になりたい〜い」って？

中野　そうそう。自分にはちょっと足りないから何かを足せば人間になれるんじゃないかと思って、あれこれやって頑張ってみた。それで次の電柱まで息をしないで走る、みたいなことを繰り返していた。でも周囲を観察してみたら、「あれ、意外とみんなも完全じゃないよね？」ってことを遅ればせながらようやく気づいて。そのことに気づいたら、別に完全じゃなく生きることのほうが面白いのかも、と思えるようになったよね。

自分なりのやりたいこと、やらなきゃいけないと思っていたことを全部やった先に見えたのがそういう世界だった。

スー　それはキャリアで達成感を得られたから、ということとは関係あった？

中野　それも関係はしているかもしれない。でも仕事における達成感があっても、不完全感は死ぬまで消えないんだと思うなあ。それに足りない感じがしないと、きっともっと面白くない人生になっちゃいそうだし。私、面白みがないことは駄目なんですよ。「さよなら、短い間でしたがお世話になりました」ってすぐリセットしたくなっちゃう。

これは特に論文になっているような根拠のある話ではないのですが、プライベートでお会いしたある精神科医の方が「生きづらさやメンタルの病気を抱えている患者さんは、40歳くらいまで生き延びさせてあげると、あとは結構寛解するんです」というお話をされていたことがあったのね。ざっくりとしたメルクマール（指標）として40歳という年齢がある、というのは面白いよね。臨床医が持っている経験的な知見として頭に入れておいてもいいのかもしれない。

40代は「不惑」なんて言われますけど、あれって別に道徳的な何とかじゃなくて、たんにドーパミンがあんまり分泌されなくなって不安感情が落ち着いてくるっていうことなんじゃないかな。10代と40代の脳って全然違うんだよ。10代の脳には不安がどんどん増幅するような回路が組まれている。でもその回路によって増幅されていた不安感情は、年齢を重ねるごとに緩やかに下降していく。だから何かを達成したりしなくても、40歳前後で人は落ち着いてくる。それが「私の人生はこんなものかな」というある種の諦観にもつながるのかもしれない。そんな風に生理的に落ち着く時期がくるので、別に無理しなくてもいいということになる。

スー　ポジティブで緩やかな諦観だよね。決してネガティブなものではない。10代の頃って不安の塊じゃなかった？　「友達の中で自分が一番最後にセックスすることになったらどうしよう」とか、今から思えばスーパーどうでもいい話でめちゃくちゃ悩んでいた。

中野　誰も確かめようがないのにね（笑）。

男は女よりも自信を持ちやすい

スー　今の中野さんの話を聞いて思い当たったんだけど、よく女の人が「40過ぎたら楽になるわよ」って言うじゃない？　あれもきっと脳のホルモン分泌が関係している部分もあるんだろうね。プラス、社会規範としての「女らしさ」っていうものが、初々しさやうぶさとつながっているから、もはや自分は圧倒的に違うだろうということで完全に諦められるのかも。

中野　この年齢になったら、むしろ初々しいことってなんかもう恥ずかしい。

「実力ではなく運」と思いやすいのは男女のどっち？

中野　何か目標を達成したり仕事に成功したりしても、「私の実力ではなく、運がよかっただけ」と思い込んでしまうことを「インポスター症候群」というのですが、インポスター症候群は女性がすごく多いんです。男性よりも、女性のほうがこの心理を持ちやすい。本当は実力があるのに、「私なんて実力がないのにいいのかな」と罪悪感に苛まれてしまうのは圧倒的に女性のほうだ、という。アメリカの研究によると、男性よりも女性やマイノリティ属性を持つ人のほうがインポスター（Impostor：詐欺師、偽物）感情が出やすいというデータがあります。

スー　確かに「これは自分の実力に見合っていない」「私にはできない」って言う女の

人多いね。自己評価が低いと、いつまで経っても自信が持てない。でも男の人の中にはそのハードルを跳び越えられる人もいるね。サラリーマンから独立する局面で、その違いを感じることが私は多いかな。

中野　おっしゃる通り。「これは自分の実力である」と思い込める傾向は、男性のほうが強いんだね。自己評価が高い。それを得だと見るか、損だと見るか。私は素直にそう受け止められてうらやましいなと思う反面、かわいそうだなとも思いますね。実力以上に評価されることで、後々苦しい立場に追い込まれることだってたくさんあるわけだから。

スー　損得でいえば「得」なポジションに就いている人が、その得を人に見せないことってある。「管理職なんて大変なだけだよ」と表向きは言っていても、給料はみんなよりいいし、裁量権はあるし、少なくとも出世コースからは外れていない。おいしいところを見せていないだけなのに、それを真に受けて「管理職なんて私には無理」と思っている人も少なくないかもね。

どんなことを「私には無理」と感じるのか、都度都度で認識しておくのって大事だと思うんですよ。たとえば管理職、ノーメイクで外出、会議で最初に発言、みんなの意見に反対を唱える、などなど。明確な根拠が説明できないのに、私には無理と思うことっ

不安な時期ほど学習スピードが速い

て、だいたいがお仕着せの社会規範だったんだなーと、今になって思う。

どうすればブレない自信を手に入れられる?

中野　どうやって自信を手に入れたかという問いに戻ると、それに対する答えは、「加齢」なんです。だから40代、悪くないと思うなあ。

スー　それが一番救いがあるよね。自信がないと人って攻撃的になるでしょう。私がそうだった。自信がなかったから、誰かと張り合ったり、マウントを取るような真似をしたり、なめられないように強気に出たりとか、そういうことばかりしていた時期があった。自信がないことで逃したチャンスもあったし、優しくしなきゃいけないところでなぜか強気に出たりとか、不適切なことをたくさんしてきました。

でも過去のそういったことがほぼ「自分らしさ」と「女らしさ」の相性が悪かったことに起因しているかと思うと、悔しくて地団駄踏むね。自分に自信がないからこそ獲得できるいいことって何かあるのかな?　慎重になれるくらいしか私には思い浮かばないけど。

中野　自信がないからこそのよさもあるよ。人間はライフサイクルのうちで10代から20代にかけてが、最も自信がなくなるフェーズで、なぜその時期に自信がないほうがいいかというと、自信がないほうが圧倒的に学習の効率がいいからなんです。何かを学ぶスピードが格段に速くなる。だって私たち、自信なくて不安なほうが一生懸命勉強するでしょう？　周囲のみんなの真似をしているうちに、できるようになることがたくさんある。学習をプロモートするために、不安な感情をあえて高めている時期が人間にはあるということ。だから、本人にとってはつらいけれど、今は勉強する時期なんだと思って安心してほしいなあ。

スー　そうか。自信満々であることは、つまり学ばないっていうことと背中合わせだもんね。面白いな～。

中野　その通り。だから私たちは今は楽になったけれど、学びにくくなっているんだよね。今はもう学習よりも還元が優先される時期なんだと思う。

スー　私は攻撃的になることで不安をごまかしていたけど、中野さんはどうだったの？

中野　私は10代、20代の頃はもうとにかく「自分は足りない」「ずっと足りない」と思っていたから、もう本当に勉強ばかりしていた気がするな。何かを学んでるときが一番安心できたし。今日の私はちょっと増えた、明日の私はもうちょっと増える、と思えることが安心だった。だから周囲のことには鈍感だったし、嫌な人に映ることもあっただろうな、と思います。不安なのは私だけでなく、周りの人だって同じように不安だっ

依存相手は都合のいいスクリーン

たわけだから。10代は不安な気持ちを抱えた同世代がせめぎ合う時期だから、そういう難しさがあるかもね。
　ちなみに、自分の不安を埋めるために恋愛や結婚に走るのは無駄だと思う。結婚したからといって、相手や相手の優れた資質が自分のものになるわけではないし。そもそも結婚した夫婦の3分の1が離婚する時代だし。

スー　足りないところを人で埋めようとすると、絶対に失敗するよね。それに中野さんのようにずば抜けて優れた頭脳を持っているからといって、人生がイージーになるわけでもない。極端に何かができることと、極端に何かができないことは、実は女というスペックで評価されることにおいては同じく不利にできているんだよね。上に外れてようが横に外れてようが下に外れてようが、「女」として評価されるんだったらマイナスにしか働かない。
　私は女で得をしていることはないとは言わないけれど、ただ「女として何点です」という土俵から離れてからのほうが、好きなことができるようになったし、生きやすくはなったと思いますね。

恋人や友達や子どもに依存しちゃう心理って?

スー 足りないところを人で埋めると失敗する話について、もう少し補足したいんだけど、自分の人格って、自分と他者との間でしか立ち上らないものでしょう。だから自分探しの旅に出る人って、周囲の人たちとの間に立ち上る今の自分がきっと好きじゃないんだろう。別の他者との化学反応を見て、新しい自分を立ち上らせたいんだと思う。そんなものを「本当の自分」って呼ぶのは本当におこがましい。そばにいると「心地いい自分」が立ち上ってくる人と一緒にいたほうが楽しいのは間違いないけどね。

一緒にいて心地いい人、その人と一緒にいるときの自分が好きだと思える人と一緒にいることは、自分なりのゴールを決めることと同じぐらい大事なんだろうなと思います。もちろん、その相手は途中で変わっていくだろうし、一人じゃなくてもいい。

中野 恋人に依存的になってしまう人もよく見かけるけれど、むしろ一人に依存すると苦しいはずよね。我々の世代だともはや自分の子どもに対してそれをやっちゃう人がいますが……。我が子が自分や自分の想像以上に勉強ができちゃったりとかすると、一気に期待度が高まって依存的になっちゃう親もいるかもしれない。

あとは友達に依存する人も。もうだいぶ大人になってくるとそういうことなくなると思うけど。

スー　え、そうかな？　40代でもいるよ。多分、そういう人たちは中野さんのようなタイプに依存しようとすると、嫌がられるのをわかってて、近寄ってこないだけだと思う。

中野　この年代でもいるんだ？　そっか、でもそうだろうな。私だと多分突っ込んじゃうから避けられてるのかも。女の子の友達同士だと、片方に彼氏ができると、「なんだか裏切られたみたい」とか言っちゃう人もいるよね。あとは、「○○ちゃんは、そんなことしないと思ってた」とか一方的な理想像を押しつけてきたり。そういうの聞くと「勝手でしょ？」としか思えないもんね。

スー　「あれ、あなたといつ寝たっけ？」って言いたくなる（笑）。

中野　ふふ。でも依存的な性格な人は、依存する相手と一緒にいるときに出てくる自分像が好きなんだろうなあ。心地いいから依存する。その相手、そのスクリーンじゃないと駄目だと思い込んでしまう。でも、そのスクリーン以外にも自分を投影できるものを探した方がいいんじゃないかな？

スー　そのスクリーンとして選ぶ相手も、実はちょっと格下に見ているケースが多いよね。自分が隠し持っているコンプレックスを一切感じなくていいとか、自分が優越感に浸れるとか、そういう相手を無意識的に選んでいる。

中野　不安な気持ちの表れかも。何かが自分には足りないと思っている。だから外から見るとちょっと依存的で面倒な人に思えるんだけど、本人はつらいと思うなあ。

不安から抜け出す最短ルートはある？

スー　フランスで「女らしさ」について考えたことはあった？

中野　日本にいたときは、「女らしい」って白いご飯みたいな人のイメージだったんですよ。控えめで、何にでも合うみたいな。でもフランスに行ったら、そんな人は一人もいなかったですね。控えめであろうもんなら、もう搾取されて干からびちゃう。

たとえば、フランス人ってホームパーティーはよくするけど、あんまりおもてなしはしないんですよ。

スー　過剰にサービスしないっていうこと？

中野　うん。食べ物も誰かが持ってくるものがあるし、グラスと軽食、ゆでたパスタとかそういうものをちょっと用意するぐらいで、あとは「くつろいでて〜」みたいな。でも日本人のホームパーティーって、ものすごく気合い入れちゃうでしょ。あれをフランスでやっちゃうと「あなたはうちには呼べないわ」って言われるんです。

スー　なんで？

不安を埋められるのは時間と自分だけ

中野　「私はそんなおもてなしできないからごめんね」「そんなに気を使わせるなんて本当の友達じゃないのね」と思われる。何が言いたいかというと、要するに日本の女性は間違った努力の仕方をしてるんだなと思ったの。「自分自身であれ」ということが一番大事なことなのに、「あなたのためにこんなに私は自分を殺して合わせることができます」が重視されてしまう。フランス人は早い段階からそれを手放せているのが強いなと感じました。
　フランスでは自分の意見が言えないとバカ扱いされる。そういう意味では枷があるとも言えるし、あっちの人たちにはあっちの人なりの苦しさもあると思う。何が何でも自分の意見を作らなきゃいけないから。でも、それと人に合わせなきゃいけないのと、どちらがいいかっていったら、私は人に合わせるほうが嫌だと感じたね。
　ただ、日本は「主張しない」ことが戦略になりうる国なので、そういう意味では適切に「黙る」ことも生き延びていくための戦略としてまだまだ有効だと思います。そのこと自体が、必ずしも自分の意見を捨てることと等価ではないしね。
スー　そこがイコールになっちゃうとマズいよね。「頼りがいのある男性がいい」「何でも決めてくれる男性がいい」みたいな風潮がちょっと前まであったけど、あれって二人で協議ができないことの裏返しでもありますからね。

20代後半のとき、ある友達に言われたんです。「自分がタンスだったとして、何も入ってない空の引き出しが幾つかあったときに、そこをパートナーのもので埋めると相手が出ていくときに全部持っていかれちゃうよ。中に入れるものは自分で買ってきて育てて入れるしかないんだよ」と。ああその通りだなと今も印象に残っていますね。

中野　相手の持っている戦略を学習するつもりでおつき合いする、っていうのは面白いと思うんだけどね。ただ、やっぱり相手のスペックそのものをあてにするのは時間の無駄なんじゃないかなあ。ずっと不安がつきまとうし、去られたら何も残らない。あまりいい戦略ではないよね。

スー　簡単に楽する方法はないってことだよね。早く年を取ることは誰にもできないから。とにかく待つ。そして空いた穴の不安は自分で学習して埋めていくしかない。自信を持つための確実なルートは、結局はこの2点かな。

中野　不安の真っただ中にいると人生は真っ暗だと絶望してしまいそうになるけど、3年も経てばそんな不安、忘れちゃうことのほうが圧倒的に多いですから。ただ、その3年が永遠に思えたりもするんだけど。でももうこればっかりは、我々の言葉を信じてくださいとしか言えない。私たちだけではなくて、多くの人がそう言っていることなんだ、と信じてもらうしかない。

女性を取り巻く環境は、昔に比べたら当然よくなってきているよね。女性にも参政権もあるし、家電の進化によって家事からも圧倒的に解放された。仕事ができる女性が増えて、美容や健康、長寿命にもリソースが掛けられるようになった。すごい時代だと思いますよ。

ただし、これはかつての女性と比べたらという話であって、男性と比べたらではない。社会においては男性のほうがまだまだ圧倒的に有利だね。

スー　そのあたりの構造を頭に入れた上で、適切な自信を身につけて楽に生きていけるようになりたいよね。

自分で
自分にOKを出そう

ジェーン・スー

女らしくない自分は不完全だから、自分に自信が持てない。自分に自信が持てないのはつらい。だから「女らしさ」を手に入れて自信をつけよう。一見、至極まっとうな考え方ですが、これは罠です。なぜなら本章にもあるように、自信満々な女は女らしくないとみなされるから。

なんというバグでしょう！　女らしくなればなるほど、女らしくない自分が抱えていたのと同質の不安が募ってくるなんて。誰が考えたのか知りませんが、女らしさは女から自信を奪う非常に秀逸なシステムです。世の中が決めた女の幸せや、女のよい行いや、持っているとうらやましがられる女の資質と「自分らしさ」が無縁だったり、逆にそれをすべて備えていたりすると、どうしたって自信満々にはなれません。どっちに転んでも不安になる。つまり、いつまで経っても自分に自信が持てないのは、自分が不完全だからではない可能性も多分にあるということ。

いつまで経っても自分に自信が持てないのは、対極的な価値観が混在した時代だからでもあります。女性も社会に進出しましょう！　輝きましょう！　という新しい指針は、従来型の女らしさとは相性が悪い。ふたつの価値観が拮抗しているのが現状で、どちらか片方しか持ち合わせていない女は、隣の芝生を見て自動的に欠落感を抱くことになります。

また、どちらも持っている女、つまり働きながら家庭を持つ女は、どちらも中途半端にしか役割を果たしていないような気になるという落とし穴もあります。相反するふたつの価値観のもとで満点を取るためには、仕事でも家庭でもスーパーウーマンにならざるを得ない。これも無理ゲーです。

じゃあどうすればいいの？　と思うでしょうが、自分の心と生活を安定させるために必要なものは何か、こればっかりは自分で考えて見極めるしかないと思います。しかし、仕組みがわかれば肩の荷は少し軽くなる。

肩の荷が少し軽くなったら、適切な自信を手に入れるために自分を観察してみましょう。まずは、なぜいつまで経っても自分にOKが出せないのかを外的要因と内的要因に分けて考えてみる。私はそうしてきました。

私の場合、「集中力にムラがある」「持久力・継続力に乏しい」「根気がない」などが私固有の残念な特性で、それ以外は「女」プログラムのバグというか、私が組み込まれている世の中のシステムにそもそも無理があるからだとわかりました。ザッと7割ぐらいが私のせいではないと言える。やったね！

「なんやかんや人の目を気にしてしまう」というのも私の弱点ですが、これも「誰からも嫌われたくない」という恐れ、つまり誰からも好かれることをよしとする規範のせいで、私のせいではありません。

適切な自信を持つことは、生きていく上で強みになります。なぜなら、男だろうと女だろうと、適切な自信を持つ人は支配しづらいから。自分に必要なものとそうでないものがハッキリわかっている人は騙されづらい。

自分に自信がない人のほうがコントロールされやすいのは、想像に難くないと思います。と同時に、過度な自信を持つ人、自分という存在には何らかの意義があると証明したがっている人も、褒めそやしである程度コントロールすることができます。女が表立って裁量権を持てない場面で「男を手のひらで転がせ」と言われるのはそういうことでしょう。そういうのが好きな人もいるけれど、今の私には居心地が悪い。パートナーとは対等な存在でいたいから。できるだけ誰もコントロールせず、誰にもコントロールされないで生きていきたいと願っています。

女の場合、誰かに迷惑を掛けたわけでもないのに、自分らしくあると利己的だと捉えられることがあります。怯みますね。でも、これもプログラムのバグなので、忘れてよいと私は判断しました。

固有の問題なのかバグなのかを見極めるのに功を奏したのは、他の女たちと話すことでした。「あるある！」「わかる！」となる人数が多ければ多いほど、それは個人の問題ではない傾向にあります。

耳に入ってくるモヤモヤワードに共通点がないかをチェックするのも効き目がありました。結婚式で新婦が言った「これからは一生懸命、彼の人生を支えていきたい」という言葉。女の先輩からもらった「子どもは産んでおきなよ」というアドバイス。「意外と女子力高いね」という褒め言葉だかなんだかわからない評価。言われたことを並べてみると、「私が男だったら別にモヤモヤしないな」と思うわけです。

自分が男だったらモヤモヤしないと思ったら、それはバグです。プログラムのミスです。あなたのせいではありません。それらに反応するのは「あなたらしさより優先すべき事柄がある」というメッセージを感じてしまうからでしょう。そりゃイラッとして当然です。

「私が男だったら言わないだろうな」と思うような発言を、無意識でする人もいます。そこで「私が男でも同じことを言いますか?」と相手に尋ねるか、「あ、こりゃバグだな」とスルーするかはあなた次第です。

バグに気づけると、人にもていねいに対応できるようになります。このバグは女にだけ存在するものではありませんから、自分も「あの人が女だったら言わない言葉」を男に投げ掛けずに済むようになるのです。

5章

いつか
結婚も出産も
レジャーになる

一番ではなく、二番手くらいを目指す

ハイスペ婚はハイリスク?

スー　ここまで話してきて、世間の期待する女として生きることは、世間が思っているほどイージーモードではないと改めて思いましたね。美人は「モノ」扱いされるし、若さは目減りする。世間の言う「女らしさ」を体現すればするほど、自信や自己決定権を手放す仕組みができている。宿主が死んだら自分も社会的にほぼ死ぬ。どこが「得」なんだと。「自分で決めなくていいよね」って言われても、なぁ。

それでもまだ他人の稼ぎや権利にフリーライドしたいという人には、ウディ・アレン監督の『ブルージャスミン』という映画の観賞をオススメします。

中野　いわゆるハイスペック婚をしたとしても、本当にイージーになるのかどうかはちょっと慎重に考えたほうがいいかもしれないと思う。

これはごくプライベートな席で離婚問題に強い女性の弁護士さんがぼそっと語っていたことだから、統計的に確かめられた事実とかそういうわけじゃないんだけど……。

高学歴、高収入、高身長、容姿がいい男性っていうのはちょっと私は警戒しちゃうなあって言うのね。頭もよくて挫折した経験も少ないからということなのか、どうもDVやモラル・ハラスメントで駆け込んでくる女性のクライアントさんのご主人というのはそういう人が多い感じがすると。高級車に乗っている人のほうが、大衆車に乗っている人よりも交通規則に従わないというデータがあって、それを連想してしまったりはしたけれど、本当のところはどうなのかね。

もし、本当にそうだとしたら、勝手な想像だけれど、彼らの多くは、女性を対等な存在として見ることができないまま大人になってしまったのかもしれない。妻は自分のよきマスコット、もしくは代理の養育者、または言い方は悪いけれど、従順なスレイブ（奴隷）でしかない。女性がそういった存在でいるうちは、大事にしてくれる。でも、いったんそこから外れたら途端に手のひら返しされてしまう。そういう相手と結婚して、何十年も毎日24時間本当につき合い続けたいかなあ？

スー　世間が押しつける男性像に苦悩する男性もたくさんいるはずだから、お互いが胸の内を話せるようになるといいんだけどね。お互いの生存戦略としてもね。

中野　戦略という意味では、目立ち過ぎないでアンチを少なくしておくというのが実は一番コストパフォーマンスのいい戦略になると思う。一番は目指さない。二番手くらいをキープし続ける。スーさんも私も、5段階評価の4くらいのところに自分を位置づけているよね。もっとアピールしようと思えば多分できるだろうけれど。でもしない。

スー　やればできるっていうか、男性が受けがちな「やるならテッペン獲ってナンボで

マリー・キュリーと「女の幸せ」

しょ」ってプレッシャーが私にはないから。そもそも「何が何でも前に出る」みたいな欲が乏しいんだよね。それが今んとこ功を奏してるんだろうな。あと、今の現実だと考えナシにやり切り過ぎると、どっち行っても詰む。仕事で目立ち過ぎれば「女としての幸せ」ってものさしで測られる羽目になるし、女としての幸せを追求し過ぎると「仕事で社会貢献してる？　何か生産してる？」みたいなことを問われかねない。そういうのを巧妙に避けて生きてる自覚はある。フフフ。

「賢さ」「強さ」は女性の幸せとして認められない？

中野　何かにつけて「女としての幸せ」を持ち出されるんだよね。もし私が男だったらもっと違う戦略を取っているかもしれない。

スー　たとえば？

中野　シンプルに目立って炎上してでも一番を目指すかも。

スー　つ、強ぇ……。

中野　マリー・キュリーの名前はほとんどの人が知っているよね。物理学賞と化学賞でノーベル賞を2度受賞した研究者だけれど、あの人がどのような素晴らしい業績を残したかということよりも、「それより母親としてはどうだったのか」「女としての魅力はあったのか」とか、そういったことがいまだに語られてしまう。別にそんなのどうでもいいでしょう（笑）。じゃあ並み居るノーベル賞学者の男たちはどうなの？「男」として幸せなの？　家庭は円満ですか？　と逆に小一時間ほど問い詰めたいですね。

スー　彼女の偉業は「女性としての十分な幸せ」とは世間から認められなかったんだね。まるで彼女には埋められるべき穴があると言われてるみたい。ラジウムが発見されたのかなり昔だと思うんだけど、今とあんまり変わらないね。変わってほしいなあ。私は自分の幸せと理想的な社会の両方を実現したいんだよな。

性差はこの先どのように埋まっていく？

中野　私はそのあたりはスーさんとはちょっと意見が違うんです。まず、理想の社会というものはやってこないと思っている。「今現在を出発点とした比較優位の理想の社会」は、いずれやってくると思いますよ。だけどその括弧つきの「理想社会」がやってきたら、そこにはまた新たな問題が生じるはずで、人類の認知としては常に理想の社会はいまだやってこない未来にある、というイタチごっこの繰り返しだと思う。ついでに言うと、人間はそこに向かって頑張るのが楽しい生き物でもある。

だから私は社会を変えていくことにはある種の諦めを持っていて、じゃあ今の社会の

妊娠・出産をアウトソーシングする未来

中でどうやったら自分は楽しめるのかなということを考えるのが好きなタイプなんです。

スー　常に理想は更新されるから、だったら今を楽しもうということね。私は中野さんの言う人間の特性を過剰に備えているんだなぁ。自分自身の幸せと、社会をよい方向へ変えていくことの両方を追い求めるのが楽しい。これは単純に欲望の形の違いだな。

中野　でもだからといって別に対立はしないよね。「そういうやり方もありだね」ってお互いが思っているから。違うものを持っている人と話したほうが、面白いし発見がある。そのようにして、互いに尊重もしている。意見が違っていても、建設的に議論ができる相手が話していて一番いいと思う。そういう意味では、違う価値観を持っていることのほうが互いに利得は大きい。

スー　何かのきっかけで社会システムが変わったり、テクノロジーがどんどん進化して女性の脆弱性をサポートしてくれるようになれば、ジェンダー格差はどんどんなくなっていくと思うんですよ。つまり、女性が男性に頼らなくてもいい社会がくる。

中野　性差はこの先、どんどん埋まっていく。力がいる単純労働はいずれ機械が全部やってくれる。昔は肉体を使ってやらなきゃいけない作業の最たるものが戦争だったけれど、大きな戦争が起きないまま70年以上が過ぎた。恐らくこの次にやってくる戦争はサイバー戦や航空機による空中戦など、男性の筋力をあまり必要としない戦いになっていくでしょう。ゲリラ戦にでもならない限りは、歩兵が戦い合うようなことはなくなっていく。となると、そこでも性差は考えなくてよいものになる。ジェンダーの外形的な表現であるファッションもどんどん変容していくでしょう。

スー　纏足（てんそく）みたいなハイヒールも、そう遠くない未来にはなくなっているかもね。結婚相手の条件も男女ともに当然変わっていくでしょう。

中野　今、人類は面白いステージにいるとも言えるんですよ。医学が発達したことで、生殖の形態が変わってきたでしょう。代理母を使ったり、倫理的に問題はあるにせよ技術的には遺伝子を切ったり貼ったりできる時代になった。それこそ女性が子を産むという時代すらじきに終わって、人工子宮に置き換わってしまうかもしれない。

スー　SFみたいに聞こえるかもしれないけど、ハリウッドセレブの間ではもうその流れがきているよね。キム・カーダシアンは第3子、第4子ともに代理母出産だし、ルーシー・リューも代理母出産で授かった子どもをシングルで育てている。詳しい事情は明かされてないけど、ルーシー・リューは46歳で母になったので、数年前から卵子を凍結していたのかもしれない。要するに、親になる人の好きなタイミングで他人が自分の子どもを妊娠・出産する時代がもう始まってる。

今って働く女性にとっては特に子育てが大変な時代でしょう？　保育園に入れるため

生殖が変われば、恋や結婚の形も変わる

には何月に妊娠すればいいとか、どうやってポイント稼げばいいとか、そういうことに時間や体力というリソースを割かなければならない。そこがなくなったら、いろんなことが大きく変わっていくだろうね。

中野　もう私たちは生きていないくらい先の話になるだろうけれど、妊娠・出産を代理母のような人工の存在に代行してもらう、という未来は想定しうるよね。母親の卵子だけを採ったら「あとよろしく〜」ってお願いして、1年後に赤ちゃんがやってくるみたいな。そして我が子は育児の上手な人やナニーロボットに育ててもらう。実はそこで初めてバイオロジーに縛られない男女平等が達成されるのかもしれない。その是非はともかく。

生殖とテクノロジーという話で言えば、かつては体外受精で生まれた子が「試験管ベビー」と呼ばれて物議を醸したけれど、今ではもうすっかり一般的になったよね。あれと同じで、ゲノム編集や代理母出産も倫理的な面から議論が紛糾することがあっても、そう遠くない未来には市民権を得るようになると思う。できてしまったテクノロジーを完全に放棄し去ることは難しいし、いずれも資金のある人は利用し続けるでしょう。今は技術の萌芽期ではあるけれども、一面では調整のフェーズにすでに入っていると私は思います。

有性生殖にもいろんなモデルがある？

スー　結構なパラダイムシフト（今までの考え方や価値観が劇的に変化すること）だよね。この流れが社会に浸透するまでどれくらい時間がかかるかわからないけど、このまま行くと、有性生殖のあり方が所得によって異なる時代は確実にくるだろうね。

中野　生殖の様式と社会の枠組みが徐々に変わっていき、出産に時間と労力のコストを掛けなくても済むようになるとパートナー選びの基準も確実に変わってくるでしょう。どれだけリソースを稼いでくれるのか、どれだけ育児にコミットしてくれるのか、というこれまでの条件から、もっと違う何かで相手の価値を測るようになるかもしれない。その新しい条件が何かはまだわからないけれど。

ただ、ヒトの有性生殖モデルが大きく変化している過渡期であることは間違いない。クマノミみたいに進化する未来なんて面白いね。

スー　クマノミってどんな生殖モデルなの？

中野　クマノミは生殖しない個体がいっぱいいるんですよ。1番体の大きい個体がメスに、その次に大きい個体がオスになる。その2匹がつがいになって受精卵を作る。3番目以下はみんな無性。生殖には関与しない。もし1番大きいメスが死んだ場合は、オスだった個体がメスになる。

スー　何それ！　都合がいい！

中野　魚類の繁殖戦略は面白いよ。メスより極端に体が小さいオスのことを「矮雄（わいゆう）」というのだけど、結構いろんな種類のオスがこの戦略で繁殖に成功しているよ。とくに興味深いのはヒレナガチョウチンアンコウ。これぞというメスを見つけたら、オスはそのメスの腹部に食いついて、ヒレや眼どころか内臓まで捨ててメスと融合し、メスの体内で精子を出し続ける器官として生きる。いわば超ヒモ戦略だね。

オスとメス、両方の生殖器を持つ雌雄同体のチョークバスは、一日のうちに何回も性別を交代したりするし。つまり、オスがメスになったり、メスがオスになったりするのを産卵期間中ずっと繰り返すのね。他にも、オスらしいオスと、オスなのにメスのふりをするオスの2種類のオスがいてその2種類のオスの体の大きさが数十倍も違ったりという魚とか。メスのふりをすることでちゃっかり子を残す。モテるオスと同性同士で交尾することでメスから謎にモテるようになるという魚もいるよ。

鳥の世界もすごいよ。タカ科のヨーロッパチュウヒはオスとメスで羽の配色が異なるのだけど、メスに近づくためにオスがメスの羽の配色を真似する。つまり「女装」するオスが3分の1強もいる。女装すると繁殖競争に勝てる確率が高まるというのが面白いよね。

キンカチョウという鳥の生殖に関する興味深いエピソードもあるよ。キンカチョウのオスの足に研究用の赤い足輪をつけたら、そのオスがメスから超モテるようになっちゃったの。メスが普通の倍、卵を産むくらいに。でも緑色の足輪だとまったくモテなかった。進化とはまったく関係ないにもかかわらず、そういったことが起きるんだよね。

スー　足輪の色の違いでそんなに差が出るのか。

中野　だから、突然変異で足に赤い輪のような模様を持つキンカチョウが生まれたとするよね。そうすると、その個体ばかりがモテて、その遺伝子が爆発的に広がっていくことがあり得る。それを暴走進化というのだけど、人間のメスのおっぱいもそんなものかもしれない。「なんかお尻に似たものがついてるぞ！」って、たまたまそのメスがモテちゃっていっぱい子どもを産んだのかもしれない。

ただ、どんな種でも有性生殖はすごくコストが掛かるんですよ。単性生殖なら1個体さえ残っていれば子孫を残せるし、生殖は非常に簡単。でも有性生殖は性差が生じることで性別間に軋轢が生じることがあるし、そもそもオスとメスが出会えないこともある。出会わせて、性行動を優先させるためにわざわざドーパミンを使って脳を異性に誘導する仕組みを作らなきゃならなかったりする。配偶子を2種類作らなきゃいけないという

Y染色体が消滅したら結婚はレジャーになる

バイオロジカルなコストもある。そういうコストを掛けてでも遺伝子を混ぜて多様性を確保することが、種にとってはメリットが大きいのだろう。今まではそう考えられてきたけど、コストがあまりにも大きくなりすぎちゃって、いろいろな矛盾を抱えているのが今の私たち人類よね。

とくに人間の場合は、女性は妊娠期間や産後を含めると数年単位で生殖できない時期が続くでしょう。だけれども、男性の場合は数年どころか数分後にでもまた生殖できる。生殖のあり方が男女で非対称なんです。だから、相手の選び方も非対称にならざるを得ない。女性側は見た目が好みといった要因以外にも、「この男の子どもを産んでもいいのか、子育てにどれだけコミットしてくれるのか」ということについて、ある程度長期間にわたる予測をしなければならない。そのために異性を選ぶときに前頭葉を使うのだろうと考えられているのだけど、男性の場合はそんなことジャッジする必要はない。とりあえず健康に、生き延びる力の高い子を産んでくれさえすればいいので、外見でぱっと相手を判断する、ということのようです。

女が誰かの庇護下にいなくてもいい未来がくる?

スー　なるほど。その非対称性、つまり女性の脆弱性をテクノロジーが補ってくれる未来がきたら……。

中野　男性はもう必要なくなっちゃうんだよね……。配偶子だけあればいいよ、という時代にいずれなるでしょう。

たとえば、アホウドリのメスは3分の1がレズビアンなんですよ。その3分の1の同性ペアがどういう風に子どもを作るかっていうと、交尾だけはオスとする。で、またペアのメスのところに帰ってきて、メス同士のペアで子どもを育てる。全体の3分の1もそうなっているというのは、なかなかインパクトがあるね。

遺伝子史の話になりますが、性別を決める性染色体はメスはXX、オスはXYだよね。つまりオスのみがY染色体を持つのですが、そのY染色体がどんどん小さくなってきているという報告も。X染色体とY染色体を比較すると、そもそも大きさが違う。Y染色体のほうが小さくて、軽いんですよ。試験管の中に精子を入れておくと、Y染色体が上澄みにきて、X染色体が下にくる。それを利用して産み分けを試みる人もいるようです。で、このX染色体に比べるとY染色体のほうが小さくて軽いというのは、昔からというわけではなくて。どうも少しずつ小さくなっているらしい。そう遠くない未来にY遺伝子は小さくなり続けてセットから消え去る、つまり消滅するんじゃないかという説もあります。

スー　そうなったら、次はどうなるの？

中野　どうなるかなあ。今はまだおおっぴらに許されていませんが、ゲノム編集が可能になったら有性生殖によってしか多様性はもたらされない、という枷がなくなる。多様性の保持という観点からは、もう有性生殖する必要がなくなるんですよ。編集できるんだから必要ない。そうなったときに必要となるのは、子どもを産むためのシステムだけ。だから極言すれば必ずしも人間同士が生殖する必要もなくなる。

スー　女が長年抱えてきた「個体として脆弱な時期があるから、誰かの庇護下にいないとマズイ」という不安がテクノロジーによって解消されるのね。そしたら周囲の機嫌を損ねないための振る舞いとかも、一切しなくてよくなりますな。

　私を含めた多くの女が、周囲の機嫌を損ねることに対して恐怖を抱いてる。禁忌なんだよね。周りの機嫌を損ねるような行動を取る女に対して、女が男以上に厳しくなるときさえある。「お前は村のルールを忘れたのか？」みたいに。有性生殖がいらなくなったら、それはなくなるね。結婚も出産も、レジャーのひとつになるかもしれない。

中野　そうなると別にパートナーを探す必要がなくなる。強いて言えば、一緒にいる相手として価値が高まるのは、「居心地のいい人」でしょうね。

まだそういう未来はきていないけど、私はそういう人を選んでいるのかもな。家に帰ったら仕事のことは一切話さないし。会計も別なので相手の預金通帳を見たこともなければ、こちらのも見せない。一緒にいて居心地がよければそれでいい。

スー 私がパートナーと一緒にいる一番の理由は、私の人生に女の役割を振ってこないからかな。そこが居心地いいんだと思ったわ。

自分の遺伝子をわざわざ残す必要はある？

中野 日本の伝統的な価値観と思われているものって、ほぼ、「たかだか戦後の価値観」なんだよね。親世代の常識が本当に今も有効なのかということは、常に疑ってかかったほうがいいと思うな。

スー 終身雇用と年功序列も、右肩上がりの好景気というバックグラウンドありきだったもんね。定年って考え方もそうだな。常識や価値観は、外的要因で変わっていく。だから、自分を自由にするためには、「女とはこうあるべき」の根拠がどこからきたのか、背景を考えてみるのが有効だと思う。中野さんと私は、多分このままだと子孫は残さない。遺伝子は淘汰されるけど、ただ一代の生命として今のやり方は悪くないんじゃないかな。

中野 そもそも遺伝子が編集できる時代がいずれくるだろうというときに、自分の遺伝子を残す必要ってあるのかなあ。むしろ文字情報のほうがいいんじゃないの。文字情報のほうが遺伝子より劣化せず後々まで残るしさ。しかも、それ以前に遺伝子は生殖できなければそこで消えるし。私たち、すでにいっぱい残してますよ。

スー　その辺の価値観も人それぞれだよね。でも死んだ途端に、私たちの文字情報がめちゃくちゃに編集されたりして（笑）。

中野　その可能性はあるね（笑）。でも一応、人類が生きてこの言語が残る限りは何らかのバックアップ情報により再生できそうだよね。遺伝子なんていつ突然変異を起こしちゃうかわからないし、誰かのと混ざっちゃうし……。後世に情報としての資産を残すという意味でなら、そんなに確実じゃない気がするけどなあ。

スー　世界規模で見たら人口爆発中だしね。あと、今までは性別と役割がセットになってたけど、喜ばしいことにそれが徐々に切り離されてきた。「専業主夫」がその一例。にもかかわらず、昔のものさしのままで自分を測ろうとするから苦しくなる。私はそうでした。

まずは「女なら」って枕詞がついている言葉をひとつずつ疑ってみる。そうすると、「そういうものだから」って説得力のまるでない理由しか出てこないものがあぶり出されてくる。そういう風にして、少しずつ自分を自由にするようにしてるよ。

私たちが本当に後世に残したほうがいいもの

中野　『WEEKLY OCHIAI』（研究者・落合陽一のライブ動画）をトリビュートした風に言うと、「ジェンダーをアップデートせよ」かな（笑）。男性も同じですよね。「男なら」という呪縛から解放されてもっと気楽になってほしい。

スー　ほんとそう。少しずつだけど、自分の人生を自分の価値観で生きる人が増えてきたように思う。「女」ではなく、「自分」を主語にして考える人たちね。「自分に自信がない」と思い込んでいる女性は多いけど、その自信は昔の価値観に削られただけかもしれない。誰がそれを言い始めて、どうしてそうなったのか、自問自答して掘り下げていく価値は十分にある。

あと、「どう頑張ってもなりたい自分になれない！」となったときは、そもそも叶う可能性のある話なのかを疑うのも私には有効だった。私のせいじゃないじゃん、という場合が多いですね。たとえば「昔ながらの女らしさを備えた女性リーダー」がそうだよね。現状の社会だと、リーダーに求められる資質と昔ながらの女らしさの資質が合わない。つまり、個人の責任ではない。設定が無茶ってこと。

地質年代の視点から地球を見るとどうなる？

中野　最後に今の自分たちを人類史のレベルではなくて、地質年代（地質時代）の視点

地球はすでに次のステージにいる

から見てみると、価値観がまたちょっと揺さぶられるかもしれないよ。

スー　揺さぶってもいいけど振り落とさないでよね。地質年代って、1億年くらい前から話し始めるつもり？

中野　もうちょっと前かな。生物の進化基準に記述した46億年の地球史を地質年代と言います。先カンブリア時代、古生代、中生代、新生代と大まかに年代で分かれていて、たとえば恐竜が栄えていたのは中生代で、今は新生代。その新生代の中でも細かい区分けがあって、今は「第四紀」にあたります。さらに、その第四紀の中の最も新しい時代である「完新世」を私たちは生きているんだよね。最終氷期が終わった約1万年前から現在までが完新世とされている。ただ最近になって「もう完新世は終わっていて、新しい地質年代に突入しているのでは？」という学説が検討され始めたのね。

スー　つまり、地球規模の大きな変化によって次の時代がもう始まっているってこと？

中野　そうそう。新たな地質年代の名は「人新世（じんしんせい）」。「人類の時代」という意味と言っていいかな。今、私たちは普段の生活でもプラスチックゴミをたくさん出しているよね。温暖化によって大気の状態も変わって、地球規模でさまざまな変化が起きている。それらは地球に優しくない「環境破壊」であり、私たちの生存にとっても確かに不利ではあるんです。

でも、いったん人類の主観的な視点を取り払って今の地球を見てみると、もしかしたら「違う時代」の幕開けなのかもしれない。つまり、人類が廃棄物としてプラスチックゴミなどをいっぱい出した結果、プラスチックの層ができて地質学的なレベルの影響を与えたり、海洋の状態が酸性化したり、地球の表面温度が変わったりした現状を、たんに単一の生物種の繁殖による大規模な環境変化とみなすこともできる。環境破壊ではなく、環境が変わるだけだ、という見方。その変化した後の時代を人新世と呼ぼうという考え方だよね。

「地球に優しい生活を」という言葉をよく聞くけど、あれは人類の生存にとって都合のよい「完新世の地球をそのまま保つ」という意味しかないとも言える。だって地球は別にどんな変化が起きようが何とも思わないでしょうからね。

なんか理科の授業みたいになってしまうけど、かつて先カンブリア時代には「ストロマトライト」という生き物が海中に登場したのね。これはシアノバクテリアという微生物の死骸が堆積したドーム状の岩石ですが、ストロマトライトが何をしたかと言うと、なんと酸素がまだなかった当時の地球に酸素を作り始めたんです。自らの排泄物・廃棄物として、大量に海中で酸素を出した。当時の生き物にとって、酸素は超有毒です。地球に優しくない（笑）。人間はケガをしたら傷口をオキシドールで消毒するでしょ。あれは酸素の泡を大量に出すことで細菌を死滅させるってことなんです。

スー　だからシュワシュワするのか。あのシュワシュワが酸素で、細菌を殺しているのね。じゃあそのシュワシュワを出す生物が生まれたみたいなこと？

中野　そのとおり。その結果、どうなったかというと、たくさんの生き物たちが死んだ。

動物界	累代	代	紀	世
人類の繁栄	顕生代	新生代	第四紀	完新世
				更新世
哺乳類の繁栄			新第三紀	鮮新世
				中新世
			古第三紀	漸新世
				始新世
				暁新世
恐竜とアンモナイトの繁栄と絶滅		中生代		
両生類の出現、サンゴ・ウミユリの出現		古生代		
	先カンブリア時代	原生代		
		太古代		
		冥王代		

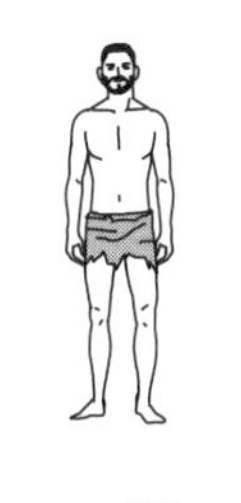

猛毒に冒された地球で（笑）。で、それまで酸素がなかった大気も酸素でいっぱいになり、そこに紫外線が当たってオゾン層ができ、やがてその酸素を呼吸に利用する生物も生まれてきた。「毒」を利用して生きるスーパー生物ですよ。当時は。酸素呼吸をする生物って、酸素を使わない生物に比べると異常にエネルギー効率がよくて、いっぱい動けるんだけど、そうすると捕食効率も高くなって、生態系のバランスも大きく変化する。かつて毒だった酸素が、地球の様相を一変させてしまった。地質年代が変わるというのは、こういうことなんです。

スー　ふーん。君はナマコのくせにいろいろ知ってるんだな。

人間が有性生殖を捨てる日がくる？

中野　ふふふ。そして海中で生き延びたものたちは、オゾン層ができたことで紫外線が脅威でなくなった地上にいよいよ進出します。最初は植物、次に動物が。海から陸へ、生き物の住む場所が広がり、陸に広がった生き物たちは我が物顔で地上を蹂躙（じゅうりん）してどんどん巨大化していった。恐竜の誕生です。そうしてまた地質年代が変わっていく。

やがて恐竜たちの時代にも終わりがやってきます。なぜ恐竜は絶滅したのか？　隕石説、体が巨大化し過ぎた説など、諸説あるため正解はわかりません。ただ、どの説にも

地球の様相は常に変わり続けてきた

共通しているのが「過剰適応」だろうということ。その環境に適応し過ぎてしまったため、環境が一変することが命取りになって絶滅につながった。今はもう彼らの仲間は小型のコモドオオトカゲなどしか残っていないの。

そしてその次は、恐竜たちの目を盗んで細々と夜間だけ動き回っていた生き物たちが巨大化していく。森から出て、二足歩行を始め、道具も使うようになり、今度はその生き物たちが一気に繁殖して地球を席巻し始めた。そうやって誕生した人類が、今また再び地球の環境を大きく変えようとしている……というのが今起こっていることだよね。

大きく大気の組成が変わったのは産業革命以降でしょうね。化石燃料の燃焼によって大気中の二酸化炭素濃度が増え、温室効果で地球の温度も上昇した。マイクロプラスチック（直径5ｍｍ以下の小さなプラスチックゴミ）による海洋汚染も深刻化している。そういう意味では、このままいくと人類の生存には向かない地球になるのかもしれない。でも、その後に何が起きるのかは、やや楽しみなところではある。見たいけど、見られないだろうな。そして、そういった変化とはまた別のところで、生殖のあり方も大きく変わっていくでしょうね。このままいったら、人間は自分たちの手で有性生殖を捨て去る最初の生き物になるかもしれない。

スー　「我が物顔で地上を蹂躙してどんどん巨大化していった恐竜は、やがて環境の変化に耐えられず過剰適応のせいで絶滅する」って部分に励まされたわ。我が物顔の恐竜が何人も目に浮かぶ。そうならないようにしなきゃ。変化と進化によって男も女も「らしさ」からどんどん解放されていけばいいなぁ。

中野　みんながそれぞれに、自分なりの戦略を育てられる人になるといいよね。これからテクノロジーが進化していくと、今までの戦略はどんどん使えなくなりますから。常識そのものが変わってしまう。

スー　ひとつ新しいシステムができると、それまでの非常識が常識になったりするからね。たとえば、15年前は燃えるゴミを朝8時までに集積所に出すのが常識だった。でも、最近のマンションには24時間ゴミ出し可能な共有スペースがある。システムが変わってゴミを保管する共有スペースができただけで、ゴミ出しの常識が変わっちゃう。

中野　今後はそういう「当たり前」がどんどん変わっていくよね。まあ、今でもそういう流れはあるけど税金を納めなくてもよくなるとか、学校なんか行かなくても教育が成立するとか。そういう風にシステムが変わればいつの間にか常識は変わってしまう。コミュニティや国家だっていつかはいらなくなるだろうと思います。

私たちはいつでもどこへでも行ける

中野信子

置かれた場所で咲きなさい、という言葉を見ると、何だか苛立ちを感じてしまう。

普通は、こらえ性のない、だらしない自分を叱咤激励して、何かをやり遂げさせるための声援としてありがたく受け止めるべき言葉なのだろうけれど、天邪鬼な自分がいる。やっぱり素直には受け取れない。そんな自分にある種の残念な気持ちも感じつつ、違和感を消し去ることができないのが私の業の深さだな、と思う。

その違和感を言語化してみるとこんな感じだ。

なぜ見ず知らずのあなたに、そこで咲きなさいとか言われなければならないの？

置かれた場所で咲く必要はどこにあるの？

私たちには足がついているのに、どうして移動してはいけないの？

まあ、こういう言葉に素直に感動できないシニカル過ぎる自分を、十分な反省をもって認知はしているので、そこはあまりツッコまないで……。

それはさておき、人間は置かれた場所にずっとはいられないようにできている。いるべきではないということは脳におけるドーパミンの動態を見ても明らかではないかと思う。私たちは新しい環境を好み、ときには他人のいる場所をうらやみ、少しでもよいところがあればそこへ行きたいと希望を膨らませて未知の航路に旅立ったりする。

この仕組みが、人類が全世界に広がっていった原動力となった基本構造でもある。

もし本当にそうなら、人間が人間である条件は、新しい環境を求めて移動すること、と言ってもよいくらいではないだろうか。

もちろん二足歩行だから長い時間走り続けたり、すぐに遠くまで行けたりするわけではない。でも、少なくとも動物界にあって人類はかなり寿命が長いほうで、その時間のうちの多くの部分をどこかへ移動し続けるために使うことができる。その場所に自分が合っていない、と感じたのなら、私たちはいつでも、どこへでも行ける。私たちは、花ではない。

環境に合わせて適応するというやり方から、自分に合った環境を探して移動し続けるというやり方を、私たちは選択した。それによって、私たちの祖先は繁殖に成功した。

女が取るべきとされてきた戦略だって、変えても別にいいのではないかと思う。変えてもいい、どころか、むしろ変えるべき場合すらあるだろう。男性に合わせて自分を変えるというやり方から、自分に合った男性を探して柔軟に対処していくという方法へ。そのほうが、日本国を長らくお支えになってこられたご高齢の諸先輩方がご心配されている出生率の低下に歯止めを掛けることができるのではないか？　まあ世界的には人口が過剰になりつつあるのだからそう増やさなくてもいい気がしなくもないが。

　自分に合った相手を探し当てるまで男を取り替えるなんて、と苦々しい顔をする人もいるだろう。ただそういう個体の意図としては、従来のやり方ですでに成功しているために新たな成功者を増やしたくない（増えることにより競合が激化することを望まない）というのが本音なのではないだろうか。あるいは、女性が選択を始めることにより、捨てられる可能性が増えると困る男性が抵抗の声をあげるのか。いずれにしても、女性側の選択権が失われないのであれば特に、放置しておいてもあまり問題は生じないように思う。

　ただ、実は人類の戦略はもう一段階先に進んでいる。移動して適した環境を探し当てるという方針から、知恵と技術を駆使して今ある環境を自分たちに適したものに変えていこう、というやり方である。特に産業革命以降はこちらのほうが主流になりつつある。

　女の戦略も同様に変わっていくのなら、知恵と技術を駆使して、今ある男を自分たちに適したものに変えていこう、となるだろうか。確かに、精子さえ何とかなれば、男性というのは実はまったく存在する必要がない。力仕事はロボット、子育ては理想的な父親の在り方を学習したＡＩのほうが、人類の男性よりもはるかにうまくできる……。実際、そんな時代になるのだろうか。

なりそうな気がするなあ。

6章

ジャストフィットな生き方は自分で決める

次世代への貢献をどうするか

子どもを産まない人生を選んでもOK？

スー 「女らしさ」の正体は何なのかについて、さんざん話してきました。じゃあ最終章では今この時代をどうやって生きていけばいいのか？ という話をしていきましょう。
この先、生殖テクノロジーが進化しても、もうしばらくは「子どもを産むの？ 産まないの？」って女が自問自答する時代は続くだろうしね。正解のロールモデルがないから気楽っちゃ気楽だけど、大変といえば大変。

中野 次世代に対する貢献という意味においてなら、「子どもを産まない」という貢献の形は既にあるんだよね。同性愛者がコミュニティ内に多いほうが人口増加率が大きい、というリサーチがあるよ。それに、人を増やさないということは、リソースを食いつぶさないことにもなる。数十年前は「人口爆発」が問題になっていたし。日本一国で考えたらあっという間に解決したね。ただまあこの先の100年単位で考えても人類全体の数は減っていかないでしょうから、戦略としてはありだと私は思う。

スー 子どもが増えないと国は現状維持すら難しいから子ども産んで！ でも弱者は自己責任だから自分でどうにかして！ って、リスク大きすぎだよね。

中野 「国のために産め」とか言っているおじいちゃんたちを見ると、そんなに言うならおじいちゃんたちも、自分で横隔膜で産めるようにしたほうが早いんじゃ？　って思いますね。

スー　横隔膜から出産（笑）。現実には、経済的余裕がないと子どもをたくさん持つのは厳しいよね。私の友達で30代後半以降に三人目を産んでる人は、だいたいお金に余裕がある。システムが変われば変わると思うけど。

中野　こういう言い方は誤解を招くかもしれませんが、私自身は今、「おいしい」ところにいると思っています。スーさんも同じだと思う。なぜならそうなるように計算してきたから。だってそうですよ。子どもの頃から、女は損だと刷り込まれ、痛みも経験し、それじゃお嫁に行けないよと脅迫されて。女であることだけでさんざん割を食わされてきた。じゃあどうしたら責めを食わず、「得」を取れる場所にいけるのかを考えて意識的に選択してたどり着いたのが今。損か得かを問われたら、私たちは確かに得していると思います。だけど、それは特定のこの個体だから得をしているのであって、「女全体が得か」と聞かれたら、やっぱりそうとは言えない。

スー　おっしゃる通り。将来の夢や計画はあんまりなかったけど、その場その場で自分の特性を活かして効率よくやれるほうを選んできた自覚はある。あと、やるかやらないかは自分で決めてきた。誰の期待にも応えていない自信もある（笑）。あ、違う、そうじゃないや。私は人の期待に敏感だから、すぐに過剰適応してしまうところがあるのね。だから、過剰適応を自覚したらすぐ別の場所に移動するようにしてきたわ。「人の期待を的確に察する」って特性をフルで活かすためにはそれが都合いいんだよね。

「自分で決めるって、具体的に何をすればいいのよ？」って言われたら、たとえば友達とご飯に行くとき、友達の案に乗っかるんじゃなくて決める側に回ってみる。それぐらいから始めればいいと思います。みんなが集まりやすい場所はどこか、楽しい時間を過ごすにはどんな店がいいか、予算はどれくらいか。自分で調べて考えて、店を見つけて自分の責任でそこに決める。そういう練習を日常の中で意識して繰り返していく。自分を変えていくのって、私にとってはちっちゃなことの積み重ねだったから。「自分で決める」ことの積み重ね。

決断って「慣れ」じゃん。今日は何を着るか、みんな毎日自分で決めてるでしょう？それと同じ。自分で決めることを増やしていく。「どう頑張っても似合うものがわからない。よし、パーソナルスタイリストを頼もう」っていうのも自分の決定だから、それでもいいし。

正解を見つける力よりも大事なものは？

中野　私は、若い世代なら国際バカロレア試験（国際的に通用する大学入試資格）を受けてみるといいと思う。

スー　おい、待て。ハードル上げすぎだぞ。

中野　でも自分の頭で物事を考えるトレーニングとして、バカロレアは向いているんですよ。今の日本の受験勉強って正解を選ばせるでしょ。小論文ですら模範解答があって、それにどれだけ近い形で書けるかで採点される。

私の中学校に、たまたまそういうテストを作る理科の先生がいたんですよ。もちろん正解を選ばせたり、空欄を埋めなさいという普通のテストの部分も30点分あるんだけど、残りの大部分は「人間はなぜこのような形に進化したと思いますか。考えを述べなさい」というような問題が出される。

そういう問いが出題されること自体は、1週間前とかに掲示板で予告される。だからあらかじめ教科書をざっと読んで、王道な答えを簡潔に書いてもいい。私は図書館でいろんな資料や辞典を調べたりして答えを練り上げてから挑むタイプだったけれど、ひねってトンチ問答みたいな答えをする人、自分の宗教観を提示する人、私は親からこう

必要なのは失敗をリカバーする力だ

育てられましたと個人的な体験談を語る人、いろんな回答があったよ。

スー どんな基準で採点されるの？

中野 先生が面白いと思ったかどうか。普通の答えを書けばそれなりの点数がくるけれど、その場合、論理に説得力がないと点数は低くなる。いわば正解がないテスト。正解がないテストって、採点側、つまりコミュニケーションの受け手側のことを想定して考えることと同義なのね。どうすれば受け手を楽しませられるか、驚かすことができるか、という視点を持ちながら自分の意見を述べることが求められる。あるパラダイムではこれが正解であるけれども、別のパラダイムではその正解よりもっと面白い答えもあるかもしれない。間違っていても面白い提案だったらそっちのほうがいいこともある。正解じゃないかもしれないけど面白い答えをどれだけ出せるか。バカロレアはそういう意味ですごくいいトレーニングになるんじゃないかな。日本人は正解を選ぶ力は世界的に見ても高いはずよ。でも失敗を修正する力は低いかもね。

スー 思考停止の謝罪会見とかね。

中野 とりあえず土下座、みたいな文化は何とかしてほしいですね。あまり建設的でないしもっと修正する力を身につけていかないと。間違った選択をしたなら、その都度、リカバーしていけばいいじゃない。「こんな男と結婚してしまった。もう人生終わりだ」と絶望する必要なんてない。離婚したおかげで人生うまくいった、という人も世の中にはたくさんいます。リカバーする前に諦めて投げ出すのはまったく得策ではない。リカバーするための練習が私たちには足りないのだろうなと思うよね。これから必要なのは、選んじゃった答えを正解にする力じゃないかな。

スー わかる。「正解を選ぶ」「間違えないこと」はそんなに大事じゃないんだよね。間違ってもふてくされない。これだよ！

「取り柄がない」ことは、有利でもある？

中野 先日、「文章を書く人になりたいんです」という若者と話をする機会があったんだけど、彼が面白いことを言ったの。「人生はいろいろな選択の連続なんだけれども、その選択のたびに自分は間違った答えを選んでいないか心配になるんです」って。正解を選び続けなければ、自分の未来は真っ暗だと彼は思い込んでいるのね。ちょっともうその繊細さに圧倒されちゃった。初々しくって。でも実際は人生って選んだものを正解にするしかないじゃない。選ぶ前に時間を巻き戻すことは誰にもできない。

スー 『風と丘のバラード』という曲で、そういう歌詞を書いたことがあるよ。「いま正しいかより　正しかったと思い出せるように　太陽の下　手を振って歩く」って。手痛

今の選択が正しかったと思えるように

い失恋体験をもとに書いた歌詞なんだけど、振り返ればあの失恋をしてよかったと思えるんですよ。というか、そう思えるように生きてきた。曲にしたしコラムにも書いたしで、あの失恋のおかげで小銭稼げたわー。正しいかどうかは今この瞬間に決まってるわけじゃないんだよね。

中野　私はずっと大学院にいて、ポスドクやって、帰ってきたらメディア対応みたいな生活で、一度も会社勤めをしたことがないのね。こんな自分は社会人としては失格なんだろうなと思わなくもない。でも、人によっては勝ち組に見えるのかもしれない。私は失敗しているのか、成功しているのか。その判断は見る人によって変わるだろうと思うんです。でも別に世間からはどちらに取られてもいい。大事なのは、自分の中で「この選択で成功でした」と言い切れる自信を持つことだと思う。

スー　うんうん、わかります。「この選択で成功でした」と信じることが、一番難しいといえば難しいんだけど、そうなるためには目の前のことを一生懸命考えてやるしか手がないと悟ったね。もうね、悪いほうに気持ちが曲がったらアイロンかける、曲がったらアイロンかける。その繰り返しで、「私ならできる」「私ならできる」と思考のクセをつけていく。私は作業として機械的にやるようにしてる。いちいち「でも、やっぱり私なんて……」と考え込まない。「あー！　また曲がったー！」ってアイロンかける。それを繰り返したら、ちょっとずつ自信がついて自分で自分の人生を決められるようになったよ。

中野　確かに人の意見に従いやすい人はいるけども、そういう人全員が自分に自信がないわけではないよね。いくらでも変えようがあるし。人の意見に従いやすい人に対して、「あなたはもっと本当は自分で決められる人ですよ」と言い続けていくと、実際に自信が持てるようになるといいます。

「自分には何の取り柄もない」「十人並みだから」といって悩んでいる人も見るよね。でも取り柄がない、平凡であるということは、人から吊し上げに合わない便利な性質と見ることもできる。悪目立ちしないから標的になることがない。共同体に適応するための重要な性質であり、生き延びるためにむちゃくちゃ有利な性質だよね。

スー　非凡も平凡も生存戦略になりうるということね。何が得かは人それぞれだけど、自分で考えない、自分で決めないのが「損」だってことは言えるかも。

若さと美しさをフル活用するデメリットは？

スー　自分が持って生まれた特性を活かしていく。それが生存戦略の基本だと思うけど、特性ってうまく使い続けるとどんどん得する特性と、最初はいいけど最終的に損する特

搾取されがちな特性に寄りかかるのは危険

性の2種類があるよね。前者は平たく言うと「他の人より得意なこと」ぐらいざっくりしたもの。「自分にはそんなものない」って脊髄反射で思ったら、それこそが「女らしさ」の社会規範ですよ。一方、若さや美しさは搾取されがちな特性で、後者。

中野 20代なんて、体力が衰えた50代以降をどう生きるかのための貯金期間じゃないのかなあ。その貯金をする時期に、目減りする価値を減価償却的に使わされて過ごしている人を見たら、この先どうするの？ と心配になってしまうよ。

スー こないだギャラ飲み（男性が参加した女性に謝礼を支払う飲み会）で月100万円以上稼いでいる23歳くらいの女の子がテレビに出てたのね。「将来の夢は？」って質問に、「この飲み会に参加している人と同じくらい稼げるようになりたい」って答えてた。ギャラ飲みって搾取でしょう？ 彼女は一日に何件もギャラ飲みを入れてガンガンお金を稼いでいる一方で、若さや美を男たちに搾取されている。ただ、それを自覚してる。だから、次のステージでは稼ぐ側になりたいんだろうね。すでに稼いでるんだけどさ（笑）。彼女の若さにお金を払っている大人たちは、彼女から「どうやったら稼げるようになるか」を観察されてるんだな。門前の小僧だね。将来の夢が「ここで出会った中で一番条件のいい男と結婚したい」ではないことに感動した。

中野 もちろん、大勢の人に甘やかされ、優遇され、いっぱいお金をもらえている美人もいるよね。でもそれは、あくまで皮一枚の話。人間としての価値を認めてもらえているか、というと怪しい。年を取ってからその事実に気づいたら、その絶望をどう処理するんだろう。

スー　いまは若さと美しさを十二分に利用してる子のほうが、もしかしたらその辺しっかり理解してるのかもね。お声が掛かる子ほど、かなりシビアにジャッジされるから。自分がこの先何を失うのかハッキリわかっているんだろうな。

中野　そういう意味では、すでに話したけれど「おばさん」になることにはある種の得があるだろうね。美人とか不美人とか関係なく、もはや男のテストステロン・スコープに入らなくなるから。

スー　ようやく人間になれたよね。おばさん、非常に楽です。

ゴールや座標軸はどうやって決める?

スー　私にも仕事でがむしゃらに頑張った会社員時代がありました。「私にだってできる」と周りに証明したくて。そんで男の価値観を内面化させちゃったのよ。なんでかって言うと働いてるのは男のほうが多いから。男より男であることを証明しなきゃいけないと勘違いしたんだね。定時で帰る後輩を見て「ああいうのがいるから女がなめられる

男社会で設定されたゴールがすべてじゃない

んだ」とかさ。でも男を目指さなくてよかったんだよ。あっちの設定もかなり無理筋なんだから。

中野　男性社会で設定されているゴールが、ゴールのすべてじゃないんだよね。むしろ、ゴールを自分で作る力、提示されたものを「それは嫌だ」と思える力のほうを身につけたほうがいいのかも。

スー　ちょっと待てよ？　おかしいぞ？　って立ち止まって考えたら、自分で自分のこと全然考えてなかったんだよね。ずっと証明、証明、証明。他人に証明してるつもりで、実は自信のない自分に証明したかったんだと思う。で、なんで自信がなかったかと言うと……って、今まで話したことに戻るわけです。女らしくなれない自分に×をつけて、女らしさをバカにして、ってマッチポンプ。

と言いつつ、私は仕事が好きだから、まだまだ昭和型ワーカホリックなところがある。でも「好きでやってるの？」って自分の気持ちをチェックするのを忘れないようにしてる。そうじゃないと、「私はこんなに犠牲を払ったんだ」って恨みがましい人になっちゃうからね。

中野　ゆとり教育っていろいろ悪く言われるんだけど、私、やっぱりいいところもあるんじゃないかなと思うんです。なぜかっていうと、我慢してきたことによる弊害のある子が少ないんだよね。ゆとり世代は生意気だとか使えないとか批判的に捉える大人もいるけど、他人に対して介入的に変なことを押しつけるような人は少ないなと私は感じます。旧来の価値観からしたら「生意気」であっても、あの子たちのほうがちゃんと自分の頭で考える力を持っているんじゃないかな。私はあの世代の子たち、嫌いじゃないですね。

スー 強いられた我慢ほど遺恨が残るものはないもんね。NOと言えるのは素晴らしい。中野さんと私は、我慢を強いられるのめちゃくちゃ苦手だろうな。

中野 誰かに従うことに抵抗や違和感を覚えない人も確かにいるよね。でも私たちは我慢できないタイプなんだろうね。だってそれって『マトリックス』の人間電池みたいなものでしょう。

スー 人間電池（笑）。今まで女に期待されてきた役割って、人間電池の最たるものだったのかもしれない。

中野 秘書業務のほとんどを女性がやってきたというのも象徴的だよね。早くAIがこの業務を全部代替できるようになればいいのにね。ただ、職業の性差は今後さらに埋まっていくと思う。単純労働はもう結構機械がやってくれているし。

過去を忘れられる人ほど、幸せになりやすい

時代に適応できる人できない人の違いって？

スー　仕事への向き合い方もさまざまだよね。生活するのに手一杯で、身銭を切ってでも勉強するとか、賃金が低くてもやりがいがある仕事を選ぶとか、そういう選択がしづらくなってる。楽しさとか、満足度とか、金銭的報酬とは違うものを得られる機会がどんどんなくなってしまっているような。時給も全然上がんないしなあ。

中野　あのね、働き方には2種類あるんですよ。時間をお金に変えるやり方と、能力をお金に変えるやり方。時間をお金に変えるってどういうことかと言うと、時間ってみんなに平等だよね。だから誰でもできる仕事だし、要するに代えが利く。代えが利くんだったら、ロボットがやったほうが早いしうまいのね。でもそうではなくて、自分にしかない能力を換金できるかどうか。仕事でもプライベートでも自分の中に評価軸があって、そこで感じる絶対的な幸せを持てるか持てないかで、人生って大きく変わってしまう。

スー　そういう意味では、うちの父親は天才。今、81歳なんだけど、70過ぎで全部お金がなくなったのね。私が子どもの頃には都内に4階建ての会社兼自宅を建てて、景気がいいときはベンツ2台乗って、外食もいわゆるちゃんとしたレストランでしか食べない

ような人だったのね。電車に乗ってる姿なんて一度も見たことがないし、エスニック料理とかも一切食べないような人だったの。

それが70歳を過ぎて、株でこけて完全に一文無しになっちゃった。で、今は団地に住んでるんだけど、あんな人が老後にそんな風になっちゃって生きていけるわけがないと思ってたんだよ、私は。ところが、ものすごいパラダイムシフトが起きてしまった。お金がまったくなくなった父は、Ｓｕｉｃａを持って電車に乗り、ユニクロの服を颯爽と着て、一人でどこへでも行けるようになっちゃったんですよ。ネパール料理だって食べるよ。こないだなんか浅草行って人力車乗って花火見て、その後にこれは完全に私の趣味なんだけど総合格闘技を見に連れて行ったのね。爆音のＥＤＭ（エレクトロニック・ダンス・ミュージック）が流れてるから途中で帰るだろうなと思ったら、最後には光る棒を振って楽しそうにしてた。

中野　すごい81歳（笑）。適応力がとても高いんだね。

スー　この人にとっては、「今を楽しむ」のが何より大切で、手段はお金でも何でもいいんだと思い知りました。だって、81歳で文鳥飼い始めたんだよ？　どっちが先に死ぬかわからない。これが本当のチキンレースでしょ。でもお金を持っているときよりも、今のほうが父は全然楽しそうに見えるんだよね。今の持てる範囲の中で自分が一番楽しそうな状況になるように、どんどん価値観を変えて適応している。天才だと思います。先の戦火をくぐり抜けた老人はやっぱり強いっていう。

中野　そういう適応ができる人、できない人って確かにいるよね。一般的には、記憶力のいい人のほうが新しい環境に適応しにくいと考えられている。

スー　そうか、全部を覚えていると比べちゃうから。

中野　学習能力と記憶力ってトレードオフなんです。学習能力って、アンラーニング（学習棄却：一度学習した知識や価値観を意識的に捨て、新たに学習し直すこと）できたほうが実は高いのね。ちょっと逆説的ですけど。これまでの間違った記憶を忘れることで新しい学習をスピーディーに習得できる。特に運動学習なんかではそういうことが言われている。これは東大の先生が実験していますが、アンラーニングの速さが学習の速さでもあるという。

これは人だけでなく組織のあり方においても共通しているんです。「過去にこういう成功体験があった！」という記憶にずっと捕らわれてしまうと、新しい発想が生まれてこなくなる。忘れる能力のほうが、実は学習には重要なんだろうね。

スー　5章に出てきた「過剰適応」だね。常識がすごいスピードで変化していく今の時代、一番危険なのは過剰適応なのかもしれない。やっぱり「女らしさ」に過剰適応してしまうと、いいことないんだよね。

中野　そうそう。よかった時代のことなんかさっさと忘れるべきだよね。バブルの話なんかもうするだけ無駄じゃないかな？

今ある常識を疑う、その次に何をすべき？

スー　最近聞いた痛快な生存戦略について話していい？　ＴＢＳに喜入友浩（きいれともひろ）さんというアナウンサーがいるんですよ。今25歳で、東大の野球部出身なんですけど。東大で野球部にいた人って私にとっては珍しかったので、「なんで東大行って野球やったの？」って聞いたら「いや、野球をやりたいのが先だったんです。そのために東大に進んだんです」って答えが返ってきたの。

詳しく聞いてみると彼はリトルリーグからずっと福岡で野球をやってきて、そのうちに「どうしても神宮球場で大学時代に野球の試合に出たい」と思うようになったんだって。で、明治神宮野球場で野球をやるためには、東京六大学野球リーグ戦に出るのが手っとり早い。じゃあどの大学に進めばいいかと考えて調べてみたら、明治、法政、早稲田、慶應、立教は、そのままプロに行けるようなスポーツ推薦の子がたくさんいるわけです。つまり、頑張って受験を勝ち抜いてそれらの大学に入っても、神宮球場で野球

野球をやるために東大に入るという選択

ができる確率はきわめて低い。ならば東大に入るルートが神宮球場で大学時代に野球の試合に出られる可能性として一番高い、と彼は考えたんですよ。

中野　うわ、その選択、超わかる（笑）。

スー　彼は東大を目指し、現役のときは落ちたんです。でもそこから親に頼んで一浪して、翌年には見事東大に合格した。そして野球部に入り、夢を叶えちゃったんですよ。すごい発想の転換じゃない？　ちなみに在学中はその後にプロになって日本ハムに行った投手のキャッチャーをやっていたそうです。

中野　頭いいなぁ。私の好きな感じ。シンプルに野球が好きだ！　という人は、まっすぐ強豪校に入ろうとするもんね。

スー　生存戦略ってこういうことだと思うんだよ。立教大学なんて四軍まであるんですって。学生野球なのに。

中野　そんなに層が厚いんだ。

スー　「だから立教に入っても絶対に神宮球場で野球をするのは無理なんだと悟りました。そんなときの東大です」って彼は言ってて、面白いなーって感心したんですよ。

これからの時代は、私たちもそういう戦略を取らないといけないんだろうな、とも思いました。

中野　うん、素晴らしい。考えたね。

スー　そうなんだよね。自分の頭で考えるかどうかだよね。めちゃくちゃ野球がうまい人たちと競い合って100人抜かすことと、1年必死で勉強して東大に入ること。どっちが確実性が高いかと考えたら、後者のほうが高いと彼は気づいた。高校生でよくそこに気づいたなぁ。

私ももっと「考える」ことを突き詰めていかなきゃ。自分が今いる場所、目指したいところ、そのための選択肢とできること、できそうなこと。世間が言うところの常識を疑って、自分の頭で考えてみる。

中野　自分が当たり前だと思っていることを、一度疑ってみるのはいいよね。親から言われるがままに受け継いだその常識って本当なの？　って。自分の「なんか嫌」を紙に書き出して、それを自分とは無関係な第三者が話している内容だと仮定して、ちょっと俯瞰で捉え直してみると、印象も変わってくるかもしれない。

スー　「普通は〜」も危険ワードだよね。「普通」ほど、人と認識に差があることってないもん。できるだけ言わないようにしてるけど、なかなか難しいよ。

中野　もしかしたらY染色体がもうすぐなくなるかもって想像したら、今の社会が決めた「女らしさ」なんてどうでもよくなりません？　そんな勝手に決められた女らしさで

自分が美人であることを隠す天才

自分を縛ってしまうのは何の得にもならない。
　それよりは、人生という名のゲームをクリアするために必要な装備は何だろうかを考えたほうがずっといい。自分にはどの防具なら一番楽かな、とりあえずこのアーマーを手に入れて試してみよう、要らなくなったら別のものと交換するか売ろう……といった感じで、どうすればゲームを楽しく攻略できるかに頭を使ったほうがいいと思います。
スー　そうそう、まずはゲームのルールを知ること。それと、自分の他にどんな特性を持つ人がそのゲームに参加してるのかを観察して、自分にとって一番楽しいやり方は何かを見つける。大変そうに聞こえるだろうけど、意外と楽しいよね。そしてもう一度「女は得か？」の問いに戻ると、また答えは変わっているかもしれない。
中野　若さや美とかって、着脱可能なものとして着けたり外したりする感覚で一時的に使う分にはいいと思うんですよ。でも、「これがないと生きていけない」というほどにまで依存するのは、長期的に見て損でしょうね。

超絶美人な彼女はなぜ嫌味にならないのか？

スー　そういう生き方を実践できている女性って、中野さんの周りだと誰かいる？
中野　テレビ朝日のアナウンサーの大下容子さん。彼女はこの春から『大下容子ワイド！スクランブル』という番組でメインキャスターを務めているのですが、昼のワイドショーで、女がメインを張る、しかも冠番組であるって、これ業界的にはすごいことなんですよ。

スー　わかります。私も革命的だと思います。

中野　これは会社が彼女の本当の能力、実力をちゃんと認めているということの証明なんです。彼女のすごさってなかなか一言では言えないんですけど、対する相手によって非常に繊細にペルソナ（人格）を変えられるたくみさがあるんですね。私みたいにガラッとペルソナを変えようとするんじゃなくて、ほんのちょっとの表情、たとえば口角の上げ下げとか、メイクの雰囲気とか、そういうほんのちょっとの違いで使い分けているんですね。本当にすごい人。

スー　それに気づいている中野さんもすごいけどね。

中野　多分、みんなはそのことをそんなに大げさには考えていないんですよ。だってものすごく自然だし、違和感を抱かせないから。「女子アナにしては地味だ」と言う人もいるくらい。実際にお会いすると超絶美人ですよ？　顔立ちもスタイルも際立っている。でもその「女っぽさ」をオフして、嫌味を感じさせないようにしているんです。

スー　実は衣装もファッショナブルで、おしゃれだよね。どっちかというと、デザイン

女でも男でも「得」だと思える人生を生きる

性とか個性の強いものを着てるんだけど、それが自然に似合っている。

中野　自分のセンスを出しすぎて失敗しちゃうアナもいるけど、大下さんは出さないんです。あるいは目立たない程度に出す。本当に頭のいい人。私は天才だと思います。白米にもなれるし、メインのおかずにもなれる。

スー　私たちがそのまんま真似することは難しいけど、旧来の「男らしさ」のロールモデルに自分を擬態させなくても、自分がメインの番組を持てるということは希望だよね。

中野　センスに自信がない人がにわかに真似しようと思ったら失敗しちゃうかもしれない。でも、ああいう女性もいるんだということを知ってほしいし、「自分だってできるはず」と思ってほしい。難しいかもしれないけど、できないことじゃないんです。

女と男、究極的にはどっちが得か？

中野　女と男、どっちが得であるかは、究極的には誰にもわからないんですよ。だって一人の人間が女と男の両方を同時に体験することはできないから。主観を入れたら測定も比較もできない。最近では女から男にシフトしたり、男から女にシフトしたりする人たちの例も少しずつ増えてきていますが、それだってシリアル（連続的）な変化なので、パラレル（並列）に同条件で比較はできないんですね。移行の段階で年齢だって変わっていくわけだし。そうすると反証可能な形においての検証というのはかなり困難でしょう。

不可能なんだけれども、「男と女、どっちが得か？」と考えることによって、今の自分が置かれている状況下で最も得な選択をする助けにはなる。というのが、この本の意味だと私は思います。女に生まれた人は女で得だと思えるように、男に生まれた人もやっぱり男で得だと思えるようになってほしい。

スー　うんうん。その上で、自分の特性を把握し、それをどこに置けば効率よく使えて、目減りさせずに過ごせるかを自分なりに考えて行動する。それがその人にとっての「生存戦略」だと言えるんじゃないでしょうか。

あなたはあなたが思ってるより ずっと大きいかもしれない

ジェーン・スー

アメリカを代表するアーティストのビヨンセは、2018年のコーチェラ・フェスティバル（アメリカで行われる大規模野外音楽祭のひとつ）でアフリカ系米国女性として初めてヘッドライナー（大トリ）を務めました。2時間に渡るライブでは自分たちの文化の力強さと美しさを余すところなく伝え、女性に誇りと力を与える素晴らしいパフォーマンスを行いました。Netflixでリハーサルも含めたライブ映画『HOMECOMING』が観られるので、ぜひ観てください。勇気づけられること間違いなしです。

ライブのモノローグパートで、「以前は、黒人女性として私が小さな箱の中にとどまっていることを世界から望まれているように思っていた」とビヨンセは語りました。私はアジア人ですが、小さな箱の中に収まっていることを望まれる感覚はわかります。出しゃばり過ぎないとか、目立ち過ぎないとか、言いたいことを言い過ぎないとか、そういうことです。

子どもの頃から、感じた通りに動くと、それはいつも「過ぎる」状態として捉えられていました。フル出力でやりたいだけやったら、誰かを傷つけたり嫌な思いをさせたりしそうな不安が常にあったのです。実際、人の心を傷つけたこともたくさんあります。力も強かったので、意図せず友人に怪我をさせるようなこともありました。ごめんなさい。

言葉が乱暴だったり言い方がきつかったり力の加減がわからなかったりと、コミュニケーションの方法に難があったことは認めます。しかし、私が男だったら同じように感じたかはわかりません。本当の私はもっと大胆だし、もっと大きな声が出るし、足を踏み鳴らして動きたい。体だってぐるんぐるん動かしたい。もっともっと、私が感じたことを表現したい。でも、そうしたらギョッとした顔をするんでしょう？　おかしな子だって笑うんでしょう？　あまりにもみんなと違うからって。

あなたはどうですか？　もっと大きな声で笑ったり、好きなときに歌を歌ったり、踊ったり、思うことがあるときは意見を言ったりできるのではないですか？　あなたらしさを、誰かにたしなめられて引っ込めたことはありませんか？　野望や野心とまではいかなくても、自力で叶えたい夢や希望はないですか？　私はそういうタイプではないと、勝手に思い込んではいませんか？　もう若くはないと、限界を自分で決めていませんか？

他者の機嫌を損ねないこと、周囲とうまく馴染むこと、気を回してリーダーのよきサポーターとなること。これらは本来、誰かの庇護のもとでなければ生きていけない人が採る手段です。あなたはどうでしょう。誰かの支配下になければ本当に生きられませんか？

女性にはどうしても、出産の前後に自分一人で生きていくには精神的にも体力的にも困難な時期がある。それは事実です。しかし、妊娠よりうんと前から、誰かの機嫌を損ねないように振る舞っていないでしょうか。私なんて妊娠を経験しないまま40代半ばになったわけで、じゃあ男性全般へのあの気遣いは何のためだったのかとぐったりします。

そもそも、妊娠・出産による体力の低下は女だけがその責任を取る必要のないことです。今のところはそうしないと子どもは産まれてこないわけで、ならば男女ともに対峙するのが妥当でしょう。女が産まなければ子孫が増えないのに、まるで女の不具合であるかのように女だけが周囲の機嫌を取り続けるのはおかしなことです。

ジャストフィットな生き方を探そうとすると、無意識に自分を小さくまとめようとする人がいます。それはちょっと危険です。自ら小さな箱に入っていくようなことは、しなくていいのだから。思い込みを取っ払って、大胆に自分のサイズを把握してから、余分な部分をそぎ落としてもいいんです。小さくてきれいな箱に収まって、誰かに選ばれるのを待たなくていいんです。私には価値があると、誰かに証明し続けなくていいんです。意味のない我慢を、自分に強いなくてもいいんです。

自分の欲望をなめるな。普段はひた隠しにしても、その炎が消えることはありません。隠せば隠すほど胸の奥でくすぶり、自由闊達に生きる人を恨めしく思い続ける燃料になってしまう。それはあまりにも悲しい。

まったくもって無責任なことを言いますが、欲望を口に出してみてはいかがでしょう。紙に書き出してみるのもいいかもしれません。すべてから自由になれたら、何がしたい？　来年から2年間だけ違う場所で生活するとしたら、どこに住みたい？　年齢や容姿に囚われなければ、どんな服が着てみたい？

そんなことをしたって虚しくなるだけ？　本当にそうでしょうか。小さな箱に自分を押し込めているのは、自分自身だってこともある。もっとふてぶてしくなってください。欲望を口にして、いつも尽くしている相手を困らせてみてください。一蹴されてもめげずに、だからどうしたと開き直ってみてください。大事なことなのでもう一度言いますが、誰かに「私にふさわしい相手」として選ばれなくてもいいんです。

夢を口にしたって叶うとは限りません。でも黙っていなくてもいい。

若い頃、私は誰かにそう言ってほしかった。でも誰も言ってくれなかったから、今自分で言いました。

おわりに

あなたは選んだ答えを正解にできる人だから、と、以前、ある人に言われたことがあった。どんな状況だったのか、記憶が曖昧になるほど昔のことで、けれど、褒めて励ますつもりで言ってくれたということだけはよく覚えている。私は、この言葉をとても気に入って、それから、しばしば誰かを励ましたいときに、私もこの言い回しを使わせてもらうようになった。

この言葉を気に入ったのには理由がある。

私は、こう言われることによってはじめて、気づくことができたのだ。

それまで自分が「あらかじめ決められた正解を選ばされる人生」を送ってきた、ということに。それこそ、呪いをかけられるようにして。

よく思い出してみてほしい。

私たちは、正解を選びなさい、と繰り返し言われ、タイムプレッシャーすら掛けられながらそれを刷り込まれて育ってきたはずだ。個性など誰も評価しない。まあ、個性を重視、と言っている教育者がいたところでまずきれいごとの域を出ないのではないか。

少なくとも、受験の現場では、そんなものは最初から加点の対象にすらなっていない。それより想定された正解を迅速に選べる能力のほうがずっと大事だ。東大の入試問題を見る限りは今も、私の時代とそう状況は変わってはいないように思われる。一体、大人になるまでに何度、正しい答えを選びなさい、と私たちは指示されるのか？　計算してみると面白いだろう。

そもそも、しつけ、という言葉自体がその意味を包含している。私たちの思考に消えない折り目をつけるように、何度も何度もこのルールは、ペナルティとセットで繰り返し語られる。失敗するとこういう恐ろしいことがある、正解を選ばない／選べないのは自己責任だ、取り返しのつかないことにならないようによく考えて「賢い」選択をしなさい。

そして正解を選ばなかった者は過剰なまでの吊し上げに遭う。テストで点数を取れないどころの話ではない。その姿は格好の教材として提供され、週刊誌やテレビやネットで反復的に呈示され、非難と嘲笑の的にされる。

ただ、社会が既にそうであるのだとしたら、そこに適応してメリットを享受してほしいと望むのは親としては当然どころか切実なまでの願いだろう。その願いの帰結として の言動をあげつらい、彼らを毒親と責めるのは酷だ。もちろんその教育的配慮が異様な暴走の過程を経て、許容しがたい行為を子に加える者がいるのもまた事実ではあるけれど。これは本書のテーマではないのでまた別の場所で論じたい。

お前はああなってはいけないよ、という、繰り返される無言の「教育的配慮」。失敗を許されない環境に適応した者だけが、優先的にメリットを受けられる。正解を選べないペナルティは測り知れない。それが、私たちの生きている社会なのだとしたら、ディストピア（反理想郷）の完成はもうすぐそこ、というよりむしろ既に造成されて久しいのかもしれない。

でも、本当にそうなのだろうか？

冒頭の一言は、私に再考するための大きなヒントを与える言葉になった。

選択肢が複数あるとき、そのうちのひとつだけが正解、ということはむしろ珍しい。現実は、学生時代のテストのようなデザインにはなっていない。正解がない問題もある。死ぬまでそれが正解だったのかわからないような選択だって、数えきれないほどあるだろう。

私たちは、迷い、間違える。

正しい答えを選べない。何が正しいのかすらわからない。

でもそれは私たちが不完全だからではない。論理的に正しい最適解を迅速に選べる個体が優秀なのではない。

迷い、間違え、正しい答えを選べない個体が多数派なのは、そういう個体がより多く生き残ったからだ。すみやかに最適解を選ぶ個体が少数派なのは、彼らの戦略が、逆接的だが最適ではないからだ。迷い、選べないというその機能こそが、残るために何らかの理由で必要とされたのだ。

人類の進化はほとんど終わっていると言われている。とすると、人類はこれで完成形なのだ。ある確率で最適解を選ばないことが、私たちの繁栄のカギであったのなら、今もその性質が私たちの中に残っている理由が明確になる。いわば私たちは、よく迷い、よく間違えるように仕組まれている。

セレンディピティ、とそれを呼ぶ人もいる。これは一見、想定外のように見える何かの中から、新しい何かが拓けていくことを言う。重要な科学上の発見の多くは、想定外の結果や失敗した実験の中から生まれている。

本書を手に取ったみなさんの中にも、かつての私と同じように、正解を選ばされる人生を強いられ、間違えることへの恐怖に怯え、失敗したと晒される人たちの姿を借りた、社会からの無言の脅迫に、苦痛を感じてきた人が少なくないだろうと思う。でも。

正解を誰よりも早く選ぶ努力なんて、もうやめにしませんか。

一見、想定外であったり、失敗のように見える結果の中に、新しい喜びや未来がある。

それを見つけ、選んだ答えを正解にしてきたのが、私たち人類の生存戦略ではないか。

本書を買うことを選択したみなさんがこの先、迷う喜び、迷う贅沢を、存分に楽しんでいかれることを、私も、スーさんも心から応援し、願っています。

中野信子

ジェーン・スー

1973年、東京生まれの日本人。作詞家、コラムニスト、ラジオパーソナリティ。TBSラジオ『ジェーン・スー 生活は踊る』のMCを務める。『貴様いつまで女子でいるつもりだ問題』(幻冬舎文庫)で第31回講談社エッセイ賞を受賞。著書に『私たちがプロポーズされないのには、101の理由があってだな』(ポプラ社)、『女の甲冑、着たり脱いだり毎日が戦なり。』(文藝春秋)、『私がオバさんになったよ』(幻冬舎)など。

中野信子 なかの・のぶこ

1975年、東京都生まれ。脳科学者。医学博士。横浜市立大学客員准教授。東京大学大学院医学系研究科脳神経医学専攻博士課程修了。フランス国立研究所ニューロスピンで研究員として勤務後、脳科学についての研究と執筆活動を行う。著書に『脳内麻薬 人間を支配する快楽物質ドーパミンの正体』(幻冬舎)、『サイコパス』(文藝春秋)、『ヒトは「いじめ」をやめられない』(小学館)など。

女に生まれてモヤってる！

二〇一九年七月二日　初版第一刷発行

著者　ジェーン・スー
中野信子（なかののぶこ）

発行人　鈴木崇司
発行所　株式会社小学館
〒一〇一－八〇〇一
東京都千代田区一ツ橋二－三－一
電話　〇三－三二三〇－五五八五［編集］
〇三－五二八一－三五五五［販売］

印刷所　萩原印刷株式会社
製本所　株式会社若林製本工場

販売　中山智子
宣伝　井本一郎
制作　長谷部安弘
編集　増田祐希

JASRAC 1905960-901
©Jane Su 2019, Nobuko Nakano 2019
Printed in Japan　ISBN978-4-09-388707-6
造本には十分注意しておりますが、印刷、製本など製造上の不備がございましたら
「制作局コールセンター」（フリーダイヤル 0120-336-340）にご連絡ください。（電話受付は、土・日・祝休日を除く 9:30～17:30）

本書の無断での複写（コピー）、上演、放送等の二次利用、翻案等は、著作権法上の例外を除き禁じられています。

本書の電子データ化などの無断複製は著作権法上の例外を除き禁じられています。

代行業者等の第三者による本書の電子的複製も認められておりません。